MISSION

DE

M. DE LEBZELTERN

PRÈS DU PAPE PIE VII A SAVONE

D'APRÈS LES MÉMOIRES MÊMES DE M. DE LEBZELTERN

DOCUMENT INÉDIT

Par H. CHOTARD

Doyen de la Faculté des lettres de Clermont

CLERMONT-FERRAND
TYPOGRAPHIE ET LITHOGRAPHIE G. MONT-LOUIS
Rue Barbançon, 2
1886

MISSION

DE

M. DE LEBZELTERN PRÈS DU PAPE PIE VII A SAVONE

D'APRÈS LES MÉMOIRES MÊMES DE M. DE LEBZELTERN

Dans un travail que nous avons publié l'an dernier sur le séjour du pape Pie VII à Savone, d'après les lettres inédites du général Berthier, qui a été chargé de la garde du Souverain-Pontife du 27 septembre 1809 au 20 octobre 1810, nous avons signalé une mission de M. de Lebzeltern, conseiller d'ambassade de Sa Majesté l'empereur d'Autriche. Cette mission fut accomplie en mai 1810. Le général fut fort surpris, comme il le dit dans ses lettres au prince Borghèse, par l'arrivée du conseiller autrichien; il n'avait pas été prévenu. Il se retrancha sur l'ordre absolu qui lui avait été donné de ne laisser pénétrer qui que ce fût auprès de Sa Sainteté. Mais M. de Lebzeltern montrait un passeport signé du duc d'Otrante (1) et ajoutait qu'il devait traiter de quelques affaires religieuses qui avaient pris à Vienne une tournure inquiétante. Le général se trouva fort embarrassé ; il remit au lendemain sa réponse et en même temps il écrivit au directeur de la police à Turin et au gouverneur général prince Borghèse. Il demandait une autorisation et disait que devant les instances si appuyées de M. de Lebzeltern il serait obligé d'accorder une audience. Le conseiller autrichien l'eut en effet et elle dura une heure et demie. Le pape, dit-il en sortant, s'est montré très-raisonnable ; il accordera les dispenses que sollicite l'empereur d'Autriche et lui écrira ainsi qu'à M. de Metternich.

Rien ne transpira, et nous suivons en ce moment le récit du général, de ce qui s'était passé dans cette audience ; mais on vit à l'attitude du Souverain-Pontife et à l'altération de son visage qu'elle l'avait troublé. Il fut, ce jour-là, plus sombre qu'à l'ordinaire ; il travailla beaucoup, ne soupa qu'à onze heures du soir et garda même de la lumière jusqu'à deux heures du matin. Il employa évidemment les heures de la nuit à expédier les affaires de l'Autriche, et le matin il était très-fatigué. Le prélat Doria en convint lui-même en remettant à M. de Lebzeltern un paquet portant l'adresse de M. de Metternich. Quelques jours plus tard, le général Berthier reçut une lettre du ministre des af-

(1) M. de Lebzeltern dit dans ses mémoires : Signé du duc de Cadore.

faires étrangères qui autorisait M. de Lebzeltern à voir en audience privée le Saint-Père. Par quelle négligence arrivait-elle si tard? Elle fut toutefois la bienvenue et dissipa tout souci.

Le général Berthier ne dit pas autre chose. Il n'eut pas en effet d'autre préoccupation que sa propre responsabilité. Il tenait à obéir strictement aux ordres qu'il avait reçus, à rester fidèle à la confiance que lui témoignait l'Empereur. En un mot, suivant l'expression technique, il voulait être *couvert*. Il n'avait pas à s'occuper des affaires qui pouvaient être agitées dans la chambre du Saint-Père. On peut conjecturer, d'après son caractère, qu'il y aurait porté un grand intérêt s'il les avait connues, mais il ne les connaissait pas; elles ne rentraient pas dans son rôle, et, pour me servir d'un mot plus caractéristique, elles n'étaient pas dans son *service*. Aux personnages qui se présentaient il demandait de montrer une autorisation; s'ils en avaient une, il les laissait entrer; s'ils n'en avaient pas, il les arrêtait.

Il n'a donc rien su de ce qui s'est passé entre le Saint-Père et M. de Lebzeltern; il parle en un mot des affaires religieuses de l'Autriche, et c'est tout. Nous n'en saurions pas davantage, si M. de Lebzeltern n'avait écrit des mémoires. Dans ces mémoires qu'une main obligeante a mis à notre disposition, il a exposé avec des détails très-circonstanciés et l'objet de la mission et la mission elle-même. Nous pouvons donc la faire connaître en toute certitude. Il est à regretter que ces mémoires n'aient pas été publiés et qu'ils n'aient pas été connus, nous le croyons du moins, des écrivains qui se sont occupés des rapports du premier Empire avec la papauté. Il y règne des convictions profondes, et en même temps une sincérité que rien ne saurait altérer. Ils offrent donc un puissant intérêt et ils inspirent une complète confiance. Nous en détacherons tout ce qui se rapporte à notre sujet; nous les citerons textuellement à bien des reprises; nous en donnerons donc comme une demi-publication, nous imposant toutefois une grande réserve. Il nous est impossible de ne pas nous conformer aux désirs et, pour être plus juste, à la volonté d'une famille qui a droit aux plus grands égards et au plus profond respect.

I.

Napoléon, en faisant prendre le pape à Rome et en le faisant conduire à travers l'Italie et même à travers la France jusqu'à Savone où il l'établissait, avait cédé à un de ces mouvements de violence si terribles, qui soudainement dérangeaient tout calcul et provoquaient de durables embarras. Sans doute il voulait être le maître partout où dans l'Europe s'étendait son bras; il reprochait au pape de ne pas fermer ses Etats aux Anglais, et, dans sa résolution, la politique avait pesé d'un grand poids; en supprimant l'autorité pontificale à Rome il supprimait toute opposition à ses ordres; mais dans le Souverain-Pontife, il n'atteignait pas seulement le monarque, il atteignait le chef de l'Eglise, et ce n'était pas seulement Rome, ni même l'Italie, mais le monde catholique que frappait ce coup inattendu. L'émotion se communiqua promptement en France, en Espagne et ailleurs, et même en Allemagne; les âmes pieuses s'inquiétèrent, et la religion, plus puissante encore que la politique, fut partout mise en cause. Napoléon s'y attendait ; mais il comptait que partout le succès le suivrait et que la religion, mise pour ainsi dire entre ses mains par la captivité du Saint-Père, contribuerait à la réalisation de ses vastes projets. Il voulait réunir en son pouvoir toute force, celle des armes et celle des idées ; Charlemagne avait fait marcher en même temps ses soldats et ses missionnaires ; et il pensait qu'après les grandes victoires qu'avaient remportées ses troupes admirables, il serait encore servi par le Souverain-Pontife et tout son clergé, et que sa domination serait à jamais affermie sur les gouvernements et sur l'esprit des nations.

Mais il avait fondé trop d'espoir sur la complaisance que lui avait toujours témoignée le pape Pie VII, et il avait pris pour de la faiblesse ce qui n'était que de la condescendance. Pie VII s'était enfin arrêté dans ses concessions, et il ne devait plus en faire ; et tel il s'était montré dans les derniers temps à Rome, tel il devait rester pendant son séjour à Savone. Il ne varia jamais ; il voulait rentrer dans Rome ; à Rome seulement il pouvait gouverner l'Eglise. Peu lui importait qu'on lui préparât ailleurs, même dans la capitale de l'Empire, une demeure splendide ; à Rome était la grande tradition ; à Rome seulement il devait et pouvait siéger. Ce pontife que l'Empereur croyait faible et facile à ébranler, se trouva fort et ferme dans sa pensée ; sa captivité, loin de l'abattre, le releva ; il ne fut jamais plus grand que dans ces murs étroits qui pouvaient contraindre sa personne et non son âme. Napoléon espérait qu'il ne résisterait pas à l'ennui, au chagrin d'être seul ; que n'étant plus soutenu que par lui-même, il s'affaisserait promptement ; il crut qu'il l'amènerait à la soumission : il se trompa. L'âme du Saint-Père s'éleva au-dessus de l'exil, au-dessus de la prison ; sa persévérance ne se lassa pas, et dans l'évêché de Savone il fut plus intrépide et plus résolu qu'il ne l'avait jamais été quand il résidait au milieu des splendeurs du Vatican.

Entre l'Empereur et le Pape, il n'y avait donc pas d'accord possible ; ni l'un ni l'autre n'était disposé à fléchir ; si le premier s'enfermait dans ses exigences, le second s'enfermait dans sa résignation. C'était la lutte de la force contre la faiblesse ; mais non, il y avait force des deux côtés, et la force morale du Saint-Père tenait en échec celle de l'Empereur. Le vaincu inquiétait le vainqueur ; et plus d'une fois celui-ci, au milieu de ses grands triomphes et de ses grands desseins, fut hanté par la figure douce et triste du prisonnier de Savone, si calme qu'elle était menaçante. L'avenir appartient en effet à qui se résigne, du moment que la résignation se fonde sur la conscience du droit et sur le sentiment inviolable de la justice.

Napoléon aurait voulu arriver à un arrangement ; mais comment le réaliser ? Il n'accordait rien en échange de ses exigences. Toutefois il était importuné par une résistance qu'il n'avait pas prévue, et il était, il faut le reconnaître, troublé par le souvenir d'anciers rapports qui avaient été doux et aimables. L'entente avait été parfaite, et pourquoi était-elle rompue ? Sans avouer ses torts et ses erreurs, il souhaitait de la rétablir. Pourquoi ce vieillard, qui l'avait longtemps traité en ami, ne reviendrait-il pas à ses premiers sentiments ? Cette pensée ou plutôt ce désir l'obsédait, surtout depuis que la guerre était finie avec l'Autriche, depuis qu'un heureux traité l'avait réconcilié avec l'empereur François, depuis qu'il espérait s'unir à une archiduchesse. Rien ne manquait à sa gloire ; l'Europe entière s'inclinait, sauf l'Angleterre sans doute, et sauf aussi ce vénérable prélat qu'on avait en vain privé de son trône et qui conservait encore dans un humble palais épiscopal la puissance évangélique de tous les chefs de l'Eglise, ses prédécesseurs.

Comment changer l'esprit du Saint-Père? Comment le ramener aux vues impériales? Existait-il quelqu'un qui pût se charger d'une telle tâche? Il fallait un négociateur habile autant que loyal, qui ménageât les deux souverains et les servît avec une égale fidélité, juste représentant de chacun d'eux, juste défenseur d'intérêts bien opposés. Napoléon le trouva dans un conseiller de l'ambassade autrichienne, M. de Lebzeltern, que M. de Metternich avait amené avec lui, qu'il savait dévoué au Saint-Père, mais qu'il savait aussi homme d'honneur et incapable de trahison. Il pouvait compter sur lui, et nul n'était en effet plus en état de faire réussir la mission qui lui était confiée, s'il était possible toutefois qu'elle réussit.

Napoléon, en choisissant M. de Lebzeltern, tenait à faire plaisir à M. de Metternich, et surtout au maître de M. de Metternich, au père de l'archiduchesse Marie-Louise, à l'empereur François, qui avait toujours pris la défense du Souverain-Pontife et qui, si la fortune l'eût favorisé, aurait mieux fait que le défendre. M. de Lebzeltern n'était pas du reste un nouveau-venu dans les affaires pontificales. Issu d'une noble famille (il était chevalier au moment de sa mission et plus tard il devint comte), il avait été envoyé à Rome en 1800. Attaché à l'ambassade autrichienne, il avait suivi avec attention la politique de Bonaparte, premier consul et empereur ; il s'était fait remarquer par le Saint-Père, qui l'honora des témoignages de la plus flatteuse estime ; il avait vu se préparer dans Rome ces difficultés inextricables et ces malheurs irréparables qui aboutirent au départ forcé de Pie VII. Il avait eu de vives altercations avec les autorités françaises, qui avaient appris à connaître sa valeur et son expérience; il leur était devenu suspect; il avait été comme gardé à vue, et peu de jours après l'arrestation du Saint-Père, il avait dû quitter Rome sur un ordre de Napoléon que lui avait transmis le gouverneur militaire.

M. de Lebzeltern avait en effet soutenu ouvertement à Rome le pouvoir pontifical ; il s'était opposé de toutes ses forces aux résolutions du chef de la France ; il avait lutté contre l'ambassadeur, M. Alquier, et contre le général Miollis ; bien plus, et personne n'en doutait, il avait entre les mains et devait porter en Allemagne l'excommunication lancée par Pie VII contre Napoléon. Aussi, quand il quitta Rome, il fut d'avance signalé sur la route qu'il devait parcourir ; il était partout attendu, partout surveillé. Un officier français l'escorta depuis Klagenfurt ; il fut enfin arrêté près de Schœnbrunn. On fouilla ses bagages ; on le fouilla lui-même; on le menaça de le faire fusiller. On se contenta cependant de l'envoyer à Munich, comme prisonnier d'Etat, sous une escorte de gendarmes, et il fut tout spécialement recommandé à la rigueur du gouvernement bavarois. Quelques mois après toutefois, il fut échangé contre le baron d'Arétin. Il rentra à Vienne et se crut libre. Mais l'Empereur, qu'avait irrité le ton des protestations qu'il avait pour ainsi dire lancées chaque jour du fond de sa prison, le fit arrêter de nouveau à Vienne, prétextan comme *une rupture de cartel*. Il ne voulait pas se dessaisir de sa personne; mais sur les réclamations du comte de Metternich qui soutenait à Altenbourg les négociations avec la France, il fut une seconde fois relâché et il rejoignit le quartier-général autrichien à Dotis, près de Schœnbrunn, peu de jours avant la signature du traité de Vienne, 1809. Il fut le confident des regrets de l'empereur François, qui ne signa qu'en pleurant une paix désavantageuse. Etait-ce là des recommandations auprès de Napoléon? Peut-être, car son caractère étant bien connu, on pouvait être sûr que, s'il acceptait une mission, c'est qu'il avait l'intention de la bien remplir. En sage ennemi, en ennemi plein d'honneur, il devait bien faire, comme on le verra, ce qu'il s'engageait à faire.

En effet, depuis la paix, on pouvait dire que M. de Lebzeltern n'était plus un ennemi, mais un allié. Il s'était attaché à M. de Metternich qui avait souffert comme lui, et qui, bien qu'ancien ambassadeur à Paris, avait été lui-même arrêté à Grünberg, mais qui, mis en liberté, avait été le négociateur du traité ; il avait assisté à la demande en mariage de l'archiduchesse Marie-Louise, demande faite par le prince de Neufchâtel ; et, peu de jours après le départ de la princesse pour Paris, il était lui-même parti avec M. de Metternich, nommé de nouveau ambassadeur en France.

L'ambassade autrichienne fut entourée à Paris d'une grande considération. N'amenait-elle pas, en effet, la seconde impératrice? Napoléon lui-même avait reconnu que l'empereur François s'était montré très-digne dans toutes les négociations qui avaient précédé le traité de Vienne et accompagné la demande de la main de l'archiduchesse. Le peuple viennois avait rendu la même justice à son souverain ; il l'avait acclamé à sa rentrée dans sa capitale, et, malgré sa défaite, il lui avait témoigné une affection joyeuse. Paris montrait une joie plus bruyante, sinon plus sincère. L'Empire était dans toute sa gloire ; les victoires s'ajoutaient aux victoires ; avec les trophées de Wagram arrivait la fille des Césars. La réception fut somptueuse, et les fêtes succédèrent aux fêtes. Mais celle que donna le prince Charles de Schwarzenberg fut profondément attristée ; un incendie éclata soudain, et même au-dessus de la tête de M. de Lebzeltern. Le désordre fut bientôt au comble ; quelques propos éclatèrent contre l'Autriche ; ils furent promptement réprimés ; Napoléon donna l'exemple de la confiance : il resta seul au milieu des officiers autrichiens. Cette terrible nuit du 1er au 2 juillet 1810 fit de nombreuses victimes ; elle coûta la vie à la princesse Pauline de Schwarzenberg et à la princesse de Leyn.

Le mariage n'en fut pas moins brillant. Napoléon marchait entouré de rois, et quatre reines portaient la traîne de l'impératrice. Comment la France n'aurait-elle pas été éblouie?

L'empereur François avait vu de mauvais œil tout ce qui s'était fait en Italie, et s'il eût été vainqueur, il aurait certes demandé la rentrée à Rome du Souverain-Pontife. Il chargea son ambassadeur à Paris de le soutenir ouvertement, et M. de Metternich trouva dans son conseiller d'ambassade, M. de Lebzeltern, un auxiliaire actif. Il connaissait ses convictions religieuses qui, bien que vives, n'égaraient pas son jugement toujours sûr et droit, et il comprit qu'il pourrait l'employer en toutes circonstances, surtout dans les plus difficiles.

Dans ses mémoires, en effet, M. de Lebzeltern se prononce absolument contre Napoléon, et, en même temps, il reproche au pape d'avoir attiré lui-même sur sa tête les maux dont il souffre. S'il est malheureux, c'est qu'il a été trop bon ; il s'est laissé entraîner à l'affection qu'il avait conçue pour le vainqueur de l'Autriche, quand il n'était lui-même que *il cittadino cardinale Chiaramonte*, évêque d'Imola dans la république cisalpine. Devenu pape, sous le nom de Pie VII, il n'avait eu en vue que le rétablissement en France du catholicisme et du clergé ; il avait été toute douceur et toute déférence. Il était même venu à Paris, et, dans l'église Notre-Dame, il avait sacré Napoléon Ier.

M. de Lebzeltern dit qu'il le sacra, tout en n'ignorant pas ses arrière-pensées. C'est aller trop loin. Napoléon fut longtemps sincère dans les égards et les témoignages de respect et d'affection qu'il rendit au Souverain-Pontife ; mais il voulait être le maître partout où il avait intérêt à l'être ; toute résistance l'irritait, et il la brisait ; il voulut la briser à Rome, comme en Portugal, comme en Espagne.

Le Saint-Père en était arrivé lui-même à regretter ses concessions ; aussi quand les Français occupèrent Rome par surprise, en février 1808, il s'écria : « Ah ! quelles concessions, quelles concessions ! à quelles extrémités m'ont réduit ces concessions ! » Dès lors il se redressa, et montra une fermeté inattendue. Napoléon crut qu'elle venait de ses ministres ; elle était en lui-même, comme il le prouva par sa patience énergique et sa ténacité calme pendant sa longue captivité. Les principes sur lesquels il appuya sa résistance dès 1808, il ne les abandonna jamais. Il tenait essentiellement à la souveraineté temporelle, qui assurait son indépendance et donnait toute liberté à l'exercice de sa souveraineté spirituelle. Il reconnaissait toutefois qu'elle n'était pas d'institution divine ; elle avait été créée par Pepin et Charlemagne ; Eginhard ne dit-il pas dans ses Annales que l'Exarchat et la Pentapole furent donnés au pape et à Saint-Pierre ; mais Pie VII ajoutait que le don était providentiel.

M. de Metternich, sur l'ordre de son maître, réclamait la restitution de cette ancienne donation ; l'intervention de l'Autriche est digne de remarque ; et, au moment où elle se produisait, après le mariage de l'archiduchesse Marie-Louise, elle pouvait être puissante. Le pape l'espérait, et le général Berthier, dans ses lettres, fait voir que cet espoir éclairait souvent la solitude de Savone. On y avait souhaité, tacitement il est vrai, la victoire de l'Autriche en 1809 ; on s'était résigné après la défaite ; on avait compté sur de nouvelles instances favorisées par des évènements récents et heureux, sur le réveil d'anciens et bons souvenirs ; ne restait-il donc en Napoléon rien du général Bonaparte ? M. de Metternich plaidait, en effet, la cause de la papauté, et se faisait écouter quand il parlait de la nécessité du séjour à Rome et de l'indépendance du Souverain-Pontife. Il donnait des raisons d'ordre religieux, et il les développait chaque fois que les circonstances lui paraissaient favorables.

Napoléon paraissait quelquefois remué, ébranlé. S'il restait dans son cœur quelques mouvements affectueux pour l'ancien évêque d'Imola, il restait sans doute dans son esprit quelques traces des convictions de son enfance : l'ami et le pontife n'avaient pas perdu tout empire sur lui ; il tressaillait soudain, et laissait passer dans ses yeux comme l'éclair d'un regret. Mais il s'échappait promptement, fuyait par un détour ; quand il voulait rompre un entretien sans blesser son interlocuteur, par un geste familier, il lui prenait l'oreille. Il prit un jour celle de M. de Metternich et il ajouta : « Est-ce que vous croyez à tout ce que vous me dites » ? et sur la réponse affirmative de l'ambassadeur, il sourit d'un air de doute. Ce sourire voilait une inébranlable résolution. Le pape devait céder à sa volonté et accepter le séjour à Rome avec la seule autorité spirituelle, ou le séjour hors de Rome. C'était toujours la perte de l'autorité temporelle. Au fond, tout bien considéré, on peut croire que Napoléon regrettait d'avoir enlevé le pape à Rome ; il l'y eût laissé volontiers avec la seule autorité pontificale ; il eût établi ce qui existe aujourd'hui ; sa pensée a sans doute devancé l'œuvre du roi Victor-Emmanuel ; mais il était trop tard. Son caractère violent avait tout brusqué ; le Vatican avait été envahi, puis fermé après le départ du pontife ; il était difficile, comme impossible de le rouvrir. Pie VII ne voulait revenir qu'avec ses anciens droits, qu'il eût fait fléchir, sans y renoncer, du moment qu'on l'eût laissé dans la capitale chrétienne. Où aller, en effet ? où se retirer ? Rome, cessant d'être un Etat, était toujours Rome, la ville de saint Pierre. L'abandonner de soi-même, ce serait pour un pape renoncer à cette force spirituelle qui, même seule, est assez puissante pour courber devant elle une partie du monde ; Rome est la patrie catholique, on ne saurait l'emporter en s'en retirant.

Outre des raisons d'ordre religieux, M. de Metternich faisait valoir des raisons d'ordre politique. Il mettait en jeu les intérêts de Napoléon, le soin de sa réputation, celui de sa puissance : le mécontentement germait dans le peuple français, il pouvait grandir et éclater ; les peuples étrangers montraient même de l'irritation ; les églises allemandes se résoudraient à une séparation, plutôt que de reconnaître, après Pie VII, un pape français, et même un pape non français soumis à l'influence directe du gouvernement impérial ; Pie VII lui-même pourrait de son vivant être abandonné ; le pape n'étant plus dans Rome, est-il réellement pape ? Une sourde agitation remuait déjà les royaumes feudataires de l'Empire : le Portugal, l'Espagne, les bords du Rhin. L'universalité de l'Eglise était menacée ; elle repose sur l'indépendance du Souverain-Pontife ; le pontife captif ou réduit à l'étroit, tout s'écroule. On sait ce que sont devenus les papes d'Avignon ; les rives du Rhône n'ont pu succéder aux rives du Tibre.

Napoléon ne se prononçait pas contre le séjour à Rome ; cette ville était sa seconde capitale ; et il lui plaisait que le pape résidât là où résidait César. Il ajoutait qu'il devait en être ainsi, et il donnait comme preuve que Rome avait succédé à Antioche, premier centre chrétien, parce qu'à Rome les Césars s'étaient établis. Mais il n'admettait pas la souveraineté temporelle ; un sénatus-consulte l'avait détruite. Dans la première rédaction, il avait même été dit que « jamais la France ne reconnaîtrait qu'un pape possédât quelque bien temporel » ; puis l'expression avait été adoucie ; il avait été seulement constaté que ce bien temporel n'existait plus.

M. de Metternich poursuivait le retrait de ce sénatus-consulte ; mais comment l'obtenir ? Tout en parlant de Rome, Napoléon ne songeait qu'à Paris. Il voulait y amener le pape, pour l'avoir sous la main ; et, dès lors, il eût été le maître de la chrétienté ; le pape n'eût été que son ministre ; il eût tout régi lui-même, pour le bien, disait-il, de la catholicité ; il eût partout envoyé des missionnaires ; il eût partout combattu les protestants de l'Angleterre et les grecs de la Russie. Tout était donc prêt ; Pie VII n'avait qu'à venir. A Paris déjà s'étaient rassemblés de bon gré ou par lassitude, des prélats, des cardinaux ; les congrégations et les tribunaux ecclésiastiques étaient constitués ; les archives, que la gendarmerie avait escortées, étaient installées. Pourquoi donc le pape s'obstinerait-il à rester isolé à Savone ? que pouvait-il dans la solitude ? ne devait-il pas s'alarmer du silence qui l'entourait ? ne craindrait-il pas de sacrifier à ses intérêts temporels des intérêts spirituels ?

Napoléon était trop intelligent pour ne pas comprendre toutes les difficultés des affaires religieuses qu'il avait soulevées. Il eût fallu laisser le pape à Rome dans l'unique exercice du pouvoir spirituel ; mais du moment qu'il en était sorti, il n'y voulait et ne pouvait même y rentrer que dans ses anciens droits, comme souverain temporel et spirituel ; l'Empereur n'y consentait pas, et prévoyant dès lors un refus persistant, il ne repoussait pas la pensée de faire élire ou de choisir lui-même un nouveau pape, de provoquer un nouveau schisme, et de recommencer soixante-dix années des plus tristes temps du moyen-âge. Le comte de Metternich observait avec attention tous ces mouvements d'un esprit audacieux qui ne doutait de rien, parce que tout jusqu'alors lui avait réussi ; il lui faisait observer que Pie VII serait, tant qu'il vivrait, reconnu et obéi par l'Europe catholique, et il osait dire que l'Autriche n'entretiendrait jamais de relations avec un pape résidant à Paris. Cette hardiesse eut un heureux effet. Napoléon craignant d'être mis en échec, déclara que le pape *actuel*, *pendant sa vie*, pourrait avoir une résidence quelconque dans l'Empire français, qu'il n'aurait qu'à la choisir lui-même. Il déclara même qu'il était prêt à négocier dans ces vues nouvelles, et il pria M. de Metternich de lui désigner un intermédiaire, un véritable ambassadeur, qui pût être bien reçu à Savone. C'était fort habile, car on obtenait le consentement du Souverain-Pontife, on montrait au monde que de *son plein gré* il renonçait à la résidence de Rome.

II

Mais avait-on chance de réussir ? Le pape jusqu'alors avait été invariable dans ses déclarations ; il s'était refusé à toute négociation en disant : « C'est à Rome, et seulement à Rome, où, réuni à mes conseillers, je pourrai négocier ; ce n'est qu'à Rome, ma résidence, que je veux aller ; on peut m'entraîner ailleurs, mais je ne cesserai de protester contre tout acte opposé à mes désirs comme à mes devoirs. » Cette déclaration très-nette et très-ferme avait été comme publiée, et elle était devenue une règle pour les cardinaux qui avaient été entraînés à Paris. L'Empereur avait entrepris de les contraindre à se prononcer sur le changement de la résidence pontificale en leur nom et même au nom de la papauté ; mais ils avaient constamment répondu qu'ils étaient

« isolés, séparés de leur chef, qu'ils ne formaient point corps, et qu'ils n'étaient à Paris que de simples particuliers, dépourvus de toute faculté de délibérer sur un objet quelconque, sans l'initiative de Sa Sainteté, et ne pouvant risquer de présager ses résolutions ».

Cette prudence leur était imposée, car sur un seul mot, échappé même à un seul d'entre eux, Napoléon, mettant les cardinaux en opposition avec le pape, aurait tranché la question. Pour triompher de leur habile résistance, il se livra contre eux à une petite guerre d'embûches et de surprises ; il leur témoigna sa défiance et sa mauvaise humeur dans toutes les cérémonies de son mariage ; il manqua aux égards qu'il leur devait, affectant de les faire mal placer et même de ne pas les voir. Aussi plusieurs d'entre eux refusèrent-ils les invitations qui leur étaient adressées, et opérant une scission, se séparèrent de leurs collègues et déclarèrent leur opposition. Sur les vingt-sept cardinaux qui étaient à Paris, actifs, prenant part aux affaires, treize se mirent à part ; encore sur les quatorze *acceptants*, comme on les appela, y en eut-il trois qui se joignirent, après quelques jours, aux *opposants*. Il est vrai qu'après quelques jours encore ils revinrent à leur acceptation. En fin de compte, les treize opposants, en tête desquels se trouvait le cardinal Mattei, restèrent fermes dans leur résistance. L'Empereur s'irrita et, sur son ordre, le ministre des cultes, M. de Préameneu, leur intima les *arrêts* dans leur logis. Alors ils dépouillèrent la pourpre, et pour n'être pas reconnus, ils sortirent vêtus en simples prêtres. Le peuple de Paris, que cette lutte intéressait et qui la suivait avec attention, les appela les cardinaux noirs. Après tout les quatorze opposants ou *condescendants*, comme on appelait encore les cardinaux qui se montraient d'humeur douce et complaisante, étaient encore dans leur for intérieur opposants ; et s'ils cachaient leur pensée hostile, c'est que majorité accidentelle à Paris, ils n'étaient en somme que la minorité du Sacré-Collège, et que dès lors ils ne pouvaient prendre aucune décision qui fût valable ; leur acceptation n'avait donc aucune importance ; Napoléon pouvait obtenir d'eux de bonnes paroles, mais rien au-delà. Ce souverain le comprenait bien, et il avouait à M. de Metternich, qui le pressait, que le Souverain-Pontife seul avait le pouvoir de se prononcer.

Mais qui envoyer auprès de lui, à Savone ? M. de Metternich proposa M. de Lebzeltern, conseiller de l'ambassade d'Autriche, que le pape avait connu à Rome, qu'il estimait, qu'il aimait, qu'il reverrait avec plaisir, et qu'il écouterait sans aucun doute. Napoléon fit des objections ; il rappelait la conduite de M. de Lebzeltern à Rome, dévoué au Saint-Père, mais hostile à la France et à son souverain ; et sans la rappeler, il se souvenait de sa propre conduite à l'égard de M. de Lebzeltern, qu'il avait fait surveiller pendant son voyage de retour de Rome à Vienne, qu'il avait fait arrêter près de Schœnbrunn, et qu'il n'avait relâché que sur les instances diplomatiques les plus pressantes. Il disait : « M. de Lebzeltern n'est pas bien disposé pour moi ; il ne voit que le faubourg Saint-Germain ; il est sans cesse en visite chez les *cardinaux noirs*. Puis un diplomate est un mauvais courrier ; il prend ses aises ; il craint la fatigue, et je désire que les négociations soient menées promptement à Savone et que mon représentant soit de retour à Paris au moment où je reviendrai moi-même d'un voyage en Belgique et en Hollande ; j'y tiens absolument. »

M. de Metternich répondit de son conseiller. « Puisque Votre Majesté veut envoyer auprès du Saint-Père un homme qui lui inspire confiance, à qui il soit enclin à se livrer, à exprimer son chagrin, ses douleurs, ses plaintes, ses récriminations même, à qui il n'hésite pas à ouvrir son cœur, vous ne pouvez mieux choisir que M. de Lebzeltern. Il accomplira sa mission avec zèle et loyauté ; il vous servira, sans desservir Sa Sainteté. » On ne pouvait mieux dire, et on ne pouvait mieux trouver. M. de Lebzeltern fut agréé.

On donna à son voyage un but ostensible ; il allait traiter avec le Saint-Père des affaires religieuses de l'Autriche et demander pour les évêques autrichiens certaines facilités, certaines approbations. C'est ce qu'il dit lui-même au général Berthier, qui le rapporte dans ses lettres et qui ne connut pas autre chose d'une mission qui le surprit tant.

Mais quel était le but secret ? Quelles instructions Napoléon avait-il données ? Qu'avait-il dit ? Il avait prononcé quelques paroles vagues ; il avait fait quelques promesses sans portée réelle ; s'il s'avançait un jour, il reculait le lendemain. L'Autriche, en intervenant en faveur du pape et de la papauté, ne s'exposait-elle pas à une déception ? Le négociateur le craignait avant de partir.

M. de Metternich avait sans doute entre les mains un mémoire de M. de Champagny, duc de Cadore ; mais cette pièce n'était pas officielle ; elle n'avait d'autre valeur que l'opinion personnelle du duc. Cependant on peut dire qu'elle contenait la véritable pensée de Napoléon, qui, du moment que le pape renoncerait à son autorité temporelle, consentirait à ce qu'il exerçât le pouvoir spirituel n'importe où, même à Rome, la seconde capitale de l'Empire, mais de préférence à Paris, la première capitale. Nous l'avons déjà dit et nous le répétons, l'Empereur était fort embarrassé de ce qu'il avait fait. Il reconnaissait en lui-même, sans l'avouer, la faute qu'il avait commise en enlevant le pape à Rome, et il ne savait comment la réparer. Il n'était pas dans sa nature de céder ; le pape rentrant dans Rome, même avec le seul pouvoir spirituel, y rentrerait triomphant ; et cependant y avait-il un autre moyen de terminer le différend et de donner la paix au monde catholique ? Que ne pouvait-on revenir sur les faits accomplis et, retranchant de l'histoire l'année qui venait de s'écouler, retrouver au Vatican le pape, pontife spirituel à côté et sous la direction du gouvernement français.

L'Empereur avait contre le Saint-Père un grief dont il ne parlait pas, mais qui n'en était pas moins grave ; il avait été excommunié, et même M. de Lebzeltern, on l'a vu, s'était chargé de porter l'excommunication en Allemagne. Tout en affectant l'indifférence, Napoléon avait été profondément blessé ; il comprenait qu'un grand préjudice lui était porté, que son prestige était atteint et affaibli auprès d'un grand nombre de ses sujets. Il dit un jour à M. de Metternich : « Il faudrait que le pape retirât son excommunication, par laquelle il a offensé la majesté des trônes ; » et il ajoutait en revenant à la mission de M. de Lebzeltern : « Si le pape veut retourner à Rome (l'Empereur ne repousse donc pas ouvertement la rentrée au Vatican), qu'il renonce, de cœur et d'esprit, à son ancienne souveraineté temporelle et reconnaisse la réunion de la ville à l'Empire. » Rien ne saurait être plus net; Napoléon dévoile ici ses vrais desseins, mais en vain ; il n'amènera jamais le pape à accepter la destruction de la puissance temporelle. Il disait encore : Si la reconnaissance de la réunion de Rome à la France blesse trop le Saint-Père, qu'il aille à Avignon, où, traité avec respect, comme un souverain temporel, il recevra des ambassadeurs et des agents étrangers qui y jouiront des privilèges attachés à leur caractère, recevront et expédieront des courriers, etc.; toute la chrétienté pourra contribuer à augmenter son revenu ; il réglera le sort des cardinaux, les affaires de la propagande, etc.; » et il ajoutait encore : « Qu'une fois le pape fixé à Avignon, il ne mettrait plus d'intérêt à exiger la renonciation à l'ancienne souveraineté; qu'il le dispenserait du serment voulu par le dernier sénatus-consulte, qui d'ailleurs n'impose cette condition qu'aux papes futurs ; que si le Saint-Père persistait à tenir à exercer à Rome même les fonctions de la papauté, sa conduite devrait y être entièrement passive. Il aurait à y reconnaitre et à y couronner l'Empereur d'Occident ; de son côté l'Empereur rendrait les évêques à leur diocèse et le Concordat serait observé ; mais il tiendrait à ce que le Code français fût maintenu dans toutes ses clauses, et que l'intervention des prêtres, même en cas de dispenses, ne fût pas exigée pour assurer les effets civils du mariage. » Il déclarait en outre, et d'un ton qui devenait menaçant, « que si le pape continuait à refuser l'institution canonique aux évêques nommés par l'Empereur, il s'en passerait. Quinze docteurs rassemblés par ses ordres ayant déclaré qu'il pourrait convoquer un concile qui s'en chargerait; que les vicaires (du pape sans doute) devaient lui être dévoués; qu'aucune démarche, soit ancienne, soit moderne ne devait en aucun cas relever les Romains de l'obéissance qu'ils lui devaient ».

M. de Metternich fut dès lors convaincu que la renonciation au pouvoir temporel était le pivot de toute la négociation ; Napoléon était résolu à ne traiter que s'il l'obtenait ; mais Pie VII y consentirait-il? C'était plus que douteux ; le pape pouvait rester aussi ferme dans sa pensée que l'Empereur, et l'accord devenait impossible. Il ne devait être pris aucune demi-mesure : c'était tout ou rien. Aussi voulant sauvegarder la dignité de la papauté et de la France, et aussi celle de l'Autriche, et éviter qu'aucun des partis ne fût compromis, M. de Metternich, comme dernière instruction verbale, recommanda à M. de Lebzeltern de *tout faire* ou de *rien faire*.

« Rien de plus sage, dit M. de Lebzeltern lui-même. Mon plan était tout tracé : me constituer l'avocat d'une conciliation, l'avocat même de Napoléon, s'il le fallait ; amener le Saint-Père, par toutes les voies à ma portée, à consentir à un accommodement, revenir à Paris muni de toutes les facilités propres à atteindre le but, obliger l'Empereur à se prêter à un arrangement qui fût de nature à suspendre une série de malheurs publics et particuliers, ou bien le forcer à proclamer à la face du monde que c'était lui et non Pie VII qui s'y opposait. »

Mais l'un et l'autre devait s'y opposer. Chacun d'eux ne voulait rien céder de sa résolution ; l'arrangement était impossible. Toutefois le langage de

M. de Lebzeltern est très-digne et sa conduite le fut également ; il se consacra à la cause de l'Empereur, sans rien relâcher de son dévouement à celle du Saint-Père ; il échoua parce que le succès était impossible.

III

M. de Lebzeltern partit de Paris le 7 mai 1810. A cette époque les routes impériales étaient seules bonnes ; les autres étaient dans un état de complète dégradation : aussi sa voiture eut-elle besoin plusieurs fois de réparations, et il perdit près de vingt heures en son voyage. Il arriva à Gênes le 12.

Il avait passé par la belle vallée de Chambéry, par la riante Maurienne et par le superbe chemin du Mont-Cenis. Dans la ville de Chambéry, il trouva une maîtresse d'hôtel pleine d'affection pour la maison de Savoie. Quand elle sut qu'il avait connu les rois Charles-Emmanuel et Victor-Emmanuel et la reine Marie-Christine de Sardaigne, elle alla revêtir sa plus belle robe, sa robe de noces, pour le servir, et elle protesta de son affection et de celle des Savoyards pour la maison royale.

M. de Lebzeltern est frappé de l'état de la population de la France ; il n'y voit que des vieillards, des femmes et des enfants, et il ajoute que beaucoup de ces femmes sont veuves et que beaucoup de ces enfants sont orphelins. Ses jugements sur le gouvernement impérial sont très-sévères ; il voit partout l'immobilité et non le repos ; il sent partout la terreur et l'angoisse ; les enfants, espoir des familles, partent pour l'armée ; les vieux parents n'ont qu'une résignation forcée. A Paris, on voit la gloire et l'éclat, mais en province !

M. de Lebzeltern s'embarqua à Gênes et revint à l'ouest vers Savone. Il fut escorté par deux frégates anglaises qui rasaient de fort près la côte et qui inquiétèrent les marins français. Débarqué à Savone, il se rendit immédiatement à l'évêché, où demeurait le Saint-Père, et il demanda à être admis près de lui. Les officiers de gendarmerie auxquels il s'adressait montrèrent une grande surprise ; on n'entrait pas ainsi chez le pape, et ils faisaient voir le cordon des factionnaires. M. de Lebzeltern affecta de considérer cette garde comme une garde d'honneur. L'officier commandant lui répondit vivement : « Allons, Monsieur, puisqu'il faut tout vous dire, sachez que nul être au monde ne peut pénétrer dans cette enceinte sans un ordre du général Berthier. » M. de Lebzeltern répliqua avec la même vivacité : « Allons donc, Messieurs, c'est impossible, et j'entrerai. »

L'entretien fut interrompu par un événement inattendu. Les officiers d'artillerie, chargés de la défense de Savone, avaient ouvert le feu sur les frégates anglaises, qui depuis Gênes avaient suivi le vaisseau français et qui s'étaient approchées des batteries de la rade. Cette approche fut prise pour une insulte. Comme les frégates continuaient leur marche sans en dévier, le feu devint général. Les Anglais ne désiraient pas autre chose ; ils voulaient connaitre la portée des pièces d'artillerie, et surtout de celles qui armaient un fort récemment construit. Cette provocation était dans leurs usages ; Napoléon les connaissait, et il avait ordonné de laisser approcher sans s'émouvoir et de ne tirer qu'en cas d'attaque sérieuse. L'artillerie de Savone alla donc contre ses ordres. « Du reste, dit M. de Lebzeltern, le spectacle fut splendide : le temps était superbe, la mer bleue, unie comme une glace, et toutes les côtes, comme les vaisseaux anglais, étaient dorées par le soleil couchant. Du côté de Savone, les canons tonnaient, les éclairs sillonnaient la fumée ; du côté des Anglais, pas d'autre bruit que celui de leur musique qui jouait l'air bien connu : *Go to bed, go to bed, than rise as early as ever you can.* »

Les difficultés que M. de Lebzeltern rencontrait pour arriver auprès du Saint-Père l'étonnèrent. Il savait bien qu'à la suite de bien des déceptions le pape était devenu ombrageux, méfiant ; qu'il se redoutait lui-même à cause de sa bonté naturelle ; qu'il craignait surtout de recevoir quiconque venait sous l'égide des autorités françaises ; mais il avait compté sur son titre de diplomate autrichien et sur lui-même, sur son nom bien connu. N'était-il pas un ami dévoué du Souverain-Pontife ? Surtout il n'avait pas cru qu'il serait arrêté par les représentants de celui même qui l'envoyait, de l'Empereur. « Sans la gravité des circonstances, dit-il, je n'aurais pas épargné à l'Empereur le déplaisir de me voir, par mon retour immédiat à Paris, proclamer que le pape à Savone était inaccessible et gardé à vue par une légion de gendarmerie. »

Il resta donc et sut, par l'entremise de monsignor Doria, maestro di camera, faire parvenir entre les mains de Sa Sainteté une demande d'audience et une lettre de M. de Metternich. Il fit une visite au préfet, M. de Chabrol, qui le reçut courtoisement, mais qui déclina toute intervention en cette circonstance ; enfin il alla trouver le général Berthier, le commandant et le gardien de l'évêché.

Le général connaissait son arrivée et la tentative qu'il avait faite pour entrer chez le Saint-Père, mais il n'avait reçu aucun ordre ; Napoléon n'en avait pas donné en effet, par négligence ou par préméditation ; il ne voulait peut-être pas reconnaître qu'il faisait les premières démarches. Aussi quand M. de Lebzeltern se présenta sans lettre d'introduction, annonçant seulement l'objet convenu de son voyage, qui était d'approcher de Sa Sainteté pour lui parler des affaires religieuses de l'Autriche, le général lui déclara qu'il ne pouvait voir le pape que devant des témoins. M. de Lebzeltern lui fit observer : 1° qu'ayant à traiter des affaires de la cour avec Sa Sainteté, un tiers ne pouvait être admis ; 2° que d'après les paroles mêmes de l'Empereur, le pape était libre ; 3° que Napoléon connaissait et approuvait sa mission et que le silence même du duc de Cadore devait lui en fournir une preuve certaine.

Le général Berthier hésitait. M. de Lebzeltern le prévint qu'il allait lui écrire officiellement et le prier de répondre par écrit ; il voulait avoir une pièce justificative qu'il pût présenter à M. de Metternich et qui fît connaître les motifs qui l'avaient empêché de remplir sa mission près du chef de l'Eglise. Tout cela était dit avec un calme imperturbable. Le général Berthier, vif et rude, s'emporta ; il répétait qu'il n'était pas prévenu, qu'il avait une consigne et qu'il devait l'observer. En somme il avait raison ; il était dans son droit strict. M. de Lebzeltern, qui ne pouvait montrer une lettre d'introduction, dont il aurait dû certes être pourvu, mettait en avant la volonté du souverain, à laquelle, en face de l'Europe, on ne pouvait donner un démenti. Mais le général restait ferme dans ses instructions : « Rien ne parvenait que par son entremise ; aucun étranger ne pouvait entrer, surtout un Autrichien. »

M. de Lebzeltern lui fit observer que ces instructions avaient été évidemment données pendant la guerre, mais que depuis la paix les deux pays, France et Autriche, étaient amis. Il ajouta avec calme que le pape ne pouvait être captif et qu'admettre le contraire serait faire injure à Napoléon. Il déclara en outre qu'il verrait le pape seul ou qu'il ne le verrait pas du tout ; qu'il s'adresserait, comme il l'avait déjà fait, à monseigneur Doria ; qu'il ne connaissait pas le général ; qu'il ne lui demandait rien et n'attendait rien de lui ; mais qu'il le rendrait responsable des conséquences que pourrait avoir son retour à Paris.

Rentré chez lui, il écrivit au général. Le lendemain, le colonel de gendarmerie Thouvenot vint le voir et lui proposa de chercher ensemble un terme moyen qui donnerait lieu à un arrangement ; il fit ressortir le bon vouloir du général, qui ne connaissait pas plus M. de Lebzeltern que M. de Lebzeltern ne le connaissait, et qui cependant cherchait à ne pas persister dans le refus que la consigne lui imposait.

« Je ne l'écoutai pas, dit M. de Lebzeltern ; j'assurai en riant que j'avais pos mon ultimatum ; on n'avait qu'à lire le passeport du duc de Cadore (1) ; ce ministre était d'accord avec moi sur ma mission », et il remit une note en ce sens, et en même temps un rapport qui devait être officiellement envoyé au comte de Metternich.

Le colonel porta le tout fidèlement au général, qui proposa à M. de Lebzeltern de voir le pape devant l'évêque de Savone, qui était sourd. L'audience serait dès lors une sorte de tête-à-tête. « Je refusai et dis qu'à sept heures du soir je repartirais pour Paris. »

Un peu avant cette heure fixée pour le départ, le général le fit demander ; il était alors très-animé, mais contre ses chefs, contre les ministres et même contre l'Empereur ; il se plaignit de la façon dont on le traitait, du rôle de geôlier qu'on lui imposait. M. de Lebzeltern affirme que dans sa colère il alla jusqu'à arracher ses épaulettes, à retirer son habit et à le jeter par terre. Enfin le général se calma, et ses dernières paroles furent : « Voyez le pape. » Depuis lors il combla M. de Lebzeltern d'attentions, et le préfet, M. de Chabrol, en fit autant.

IV

« Ce fut, dit M. de Lebzeltern, monseigneur Doria qui m'avertit de l'heure à laquelle le pape daignerait me recevoir. Les expressions d'intérêt de la part de l'empereur d'Autriche, qu'il recevait par ma bouche, la lettre de M. de Metternich, la surprise de se trouver seul avec l'ancien Lebzeltern de Rome sans de gênants témoins, ma querelle même avec le général Berthier, dont il était instruit, l'émotion sensible qu'il éprouva et dont je recueillis les témoignages les plus touchants, l'avaient disposé à la confiance. »

(1) Le général Berthier dit dans ses lettres que le passeport était du duc d'Otrante.

Cette audience eut lieu le 16 mai 1810. La conversation fut d'abord générale : le pape raconta son triste voyage à travers l'Italie et la France, ses souffrances, ses malheurs; il plaignit M. de Lebzeltern de ce qu'il avait souffert lui-même, de son arrestation à Schœnbrunn et de sa captivité. M. de Lebzeltern, à son tour, lui dit les événements de la précédente année et de l'année présente, le traité de Vienne, ses suites, le mariage de Napoléon avec l'archiduchesse Marie-Louise. Mais le pape n'ignorait rien ; trompant la surveillance de ses gardiens, il avait chaque jour des nouvelles, et les plus sûres. Que de fois il avait gémi en les recevant! que de regrets il exprimait ! « Mais il reconnaissait qu'à de certains moments il faut céder à la nécessité. »

Enfin, réservant les affaires religieuses de l'Autriche, qu'il annonçait toutefois, M. de Lebzeltern exposa le véritable objet de sa mission : Napoléon désirait arriver à une entente. Le pape fut surpris des nouvelles dispositions de l'Empereur, et aussi de la bonne grâce qu'il mettait à les faire exprimer ; il ressentit un mouvement de satisfaction et, par un retour de son ancienne affection, il dit : « Plaise à Dieu que l'événement si imprévu de son mariage avec l'archiduchesse d'Autriche consolide la paix continentale. Je désire plus que personne qu'il soit heureux, et je le désire de tout cœur. C'est un prince qui réunit d'éminentes qualités ; que Dieu veuille permettre qu'il reconnaisse ses véritables intérêts. Il tient dans sa main la pacification de la sainte Eglise, et en faisant le plus grand bien à la religion, il attirera la bénédiction du ciel sur sa famille, sur ses peuples, et il transmettra un nom glorieux à la postérité. »

Des réflexions pénibles altérèrent soudain la figure du Souverain-Pontife. Il parla de son isolement, de toutes choses, et surtout des difficultés qui s'opposaient à un rapprochement entre lui et Napoléon ; et cependant, grâce à l'intervention de l'Autriche, qui était devenue l'amie de la France, ne pourrait-on pas arriver à une réconciliation ? Tout en comptant sur la Providence, ne fallait-il pas l'aider ? Le pape en convenait, et touché des respectueux sentiments de l'empereur François à son égard, il laissait entrevoir qu'il ne souhaitait que la pacification. Il déplorait les dangers de l'Eglise et les embarras des évêques, bien qu'ils ne pussent lui être imputés. M. de Lebzeltern ajoutant que les évêques étrangers, surtout en Allemagne, avaient une tendance à se séparer de l'Eglise et à se suffire à eux-mêmes, le pape répondit « qu'il avait pressenti ces dangereuses conséquences, que l'interruption de ses communications avec les clergés étrangers était la plus douloureuse pensée qui l'occupât. Quoique détenu, sans correspondance, sans nouvelles, autres que celles qu'il recevait en secret ou qu'il puisait dans les feuilles du *Moniteur* qu'il devait à la complaisance du général Berthier, il avait bien jugé quels devaient être les embarras des évêques. C'était un véritable schisme déjà établi par le fait dans l'Eglise ; c'était aussi le motif qui avait dicté ses plaintes réitérées à Napoléon sur ses propres souffrances. Je ne lui demande rien pour moi-même, ajoutait-il ; je suis vieux, sans besoins ; j'ai tout sacrifié à mes devoirs, et je n'ai rien à perdre ; aussi nulle considération personnelle ne pourrait me détourner du sentier que me trace la voie sacrée de ma conscience, ou me faire désirer le plus léger adoucissement pour moi. Je ne veux

pas de pension, je ne veux pas d'honneurs ; les aumônes des fidèles me suffiront. Il y a d'autres pontifes bien plus pauvres, quoique bien plus dignes que moi. Croyez-le, je ne forme pas un seul souhait hors de l'étroite enceinte où vous avez été le premier à pénétrer seul ; mais je réclame avec ardeur que mes communications soient rétablies avec les évêques et les fidèles. Il me suffit que leurs secours puissent me parvenir librement et que je me voie à même d'exercer les fonctions spirituelles de mon ministère. Je ne cesse de répéter au général que je demande qu'on ne me laisse pas seul. Je le suis tellement que j'ai été obligé dernièrement d'ériger en secrétaire un domestique dont l'écriture était passable. J'ai agi aussi bien qu'il dépendait de moi ; j'ai expédié seul au-delà de cinq cents dispenses, consacrant toutes mes facultés à soulager parmi les évêques français ceux qui ont pu se faire jour jusqu'à moi. Outre que les forces physiques me manquent, il y a des matières dont la nature délicate demande à être examinée et discutée ; il y a des formulaires à observer, bizarres quelquefois, mais inévitables et auxquels je n'entends rien. Aussi vous pouvez vous figurer toute la consolation que j'éprouve à vous voir porteur d'affaires qui regardent vos évêques ; voilà le premier canal qui s'ouvre devant moi depuis que je me trouve renfermé dans ces quatre murs. »

M. de Lebzeltern, relevant ces expressions, lui dit qu'il devait voir dans sa mission la preuve que Napoléon ne s'opposait pas à ce qu'il se livrât aux devoirs de son auguste ministère, et que, d'après sa conviction, si Sa Sainteté en prononçait le désir, l'Empereur consentirait à ce qu'elle eût près d'elle des cardinaux, des ministres et des hommes capables d'alléger sa pénible tâche.

Le pape ne répondit pas ; évidemment il n'était pas encore disposé à entrer dans des voies de conciliation. Il revenait sur ses misères, se répandait en plaintes et répétait à plusieurs reprises : « A Rome, mon cher Lebzeltern, je vous ai ouvert mon cœur, persuadé que vous étiez incapable d'abuser de ma confiance. » Il était tout entier à ces douloureux souvenirs. Il n'articulait même aucun mot relativement à la souveraineté temporelle, ni à Rome, si ce n'est indirectement par l'explication suivante : « Quand les opinions sont fondées sur les décrets de la conscience et le sentiment du devoir, elles deviennent immuables, et il n'y a pas de force physique au monde qui puisse l'emporter sur une force morale de cette nature. C'est une question de temps. Quant aux déclarations que j'ai faites relativement aux tristes événements qui se sont succédé pendant mon pontificat, elles découlent de sentiments identiques et n'éprouveront aucun changement, quel que soit mon sort. »

Tout cela était dit vivement et en italien, car le pape ne se servait pas volontiers de la langue française, bien qu'il la parlât fort aisément ; et tout cela n'était pas encourageant. M. de Lebzeltern ne se rebuta pas cependant; mais il changea d'entretien, et le pape se prêtant à ce changement, revint sur sa vie à Savone. « Il se loua du général ; il ne dit pas de mal du préfet, M. de Chabrol, bien qu'il eût eu souvent à son sujet de justes motifs de plainte. Le général s'acquittait de sa mission difficile avec beaucoup de tact et d'égards. Dans sa captivité, l'affluence des fidèles était une consolation ; ils se pressaient sous son balcon pour le voir et recevoir sa bénédiction ; beaucoup d'entre eux venaient de loin et accomplissaient de véritables pèlerinages ; mais avec quel chagrin il pensait à la déportation d'un grand nombre de cardinaux, à la détention du cardinal Pacca dans la forteresse de Fénestrelles, et à l'éloignement de son neveu, monseigneur Tiberio Chiaramonte, qu'il n'a pas vu depuis si longtemps. »

M. de Lebzeltern le laissait aller : c'était en effet le seul moyen de vaincre sa réserve et de le faire sortir du silence qu'il s'était imposé jusqu'à ce jour. Il lui en coûtait trop en effet de parler de son exil de Rome, de sa captivité, et aussi des vœux qu'il formait pour l'avenir et des espérances qu'il ne pouvait s'empêcher de concevoir.

Nous devons ici faire remarquer la loyauté avec laquelle M. de Lebzeltern accomplit sa mission. Au fond il est hostile à Napoléon, et venu avec sa permission, bien plus, comme par son ordre, il va se faire son avocat, pour ainsi parler, et plaider sa cause. Il dit en effet que Napoléon paraissait calmé et adouci depuis son mariage ; qu'il fallait peut-être ménager une retraite décente à un souverain que la fortune avait comblé à ce point qu'il ne connaissait pas d'opposition ni de contrôle sur la terre ; mais qu'il fallait aussi que le Saint-Père s'en ménageât une digne de lui, puisque lui aussi de son côté aurait à reculer. « Je fis valoir, car il faut ici laisser la parole au négociateur, tous les arguments propres à lui faire sentir la nécessité de se soustraire au désavantage de sa position actuelle, et de se placer dans une attitude propre à le faire profiter des chances possibles de l'avenir. Son absolue et touchante résignation, tandis que la force le dépouillait de ses Etats, de ses biens et de ses prérogatives, avait été l'effet des sublimes vertus que la chrétienté révérait en lui. Mais aujourd'hui cette même passivité s'annulait dans un coin obscur de la France, et le temps amenait souvent avec lui de coupables oublis. » M. de Lebzeltern entra dans des développements qu'il ne récapitule pas, dit-il, car ce serait une longue et oisive besogne.

Le pape l'écouta avec attention et enfin rompant son silence habituel, il reconnut la force de certains arguments, mais il combattit avec vivacité tous ceux qui allaient contre le retour à Rome et le maintien du pouvoir temporel. L'Empereur avait voulu l'établir à Paris. C'était une indignité ; il est vrai qu'il avait renoncé à ce projet depuis que M. de Metternich lui avait présenté de puissantes objections ; mais à Paris il substituait Avignon ! « Jamais, s'écria le Saint-Père avec force, jamais, malgré l'attachement que cette ville m'a témoigné ! Il faudrait qu'on employât la violence pour m'y traîner. L'enthousiasme des Avignonais à mon passage a été tel que je m'en suis senti épuisé de fatigue : Vive le pape ! liberté au pape ! liberté à notre souverain (1) ! étaient les cris tumultueux et inquiétants pour mon escorte qui retentirent sans cesse autour de moi, et qui ne me permirent de prendre aucun repos (2) ; cet enthousiasme, celui de plusieurs autres villes du midi de la France furent cause que l'on me fit rebrousser chemin pour me déposer plus tard sur ce rocher soli-

(1) Depuis le 14 septembre 1791, par un décret de l'Assemblée constituante, et depuis 1797, par le traité de Tolentino, la papauté cependant avait perdu Avignon.
(2) On reconnaît l'enthousiasme des Avignonais, si versatiles toutefois.

taire, entre la mer et la haute chaîne des Apennins, séquestré du reste du monde. Mais je ne veux pas aller à Avignon ; jamais je n'abandonnerai le siège que m'a assigné la Providence. »

Le moment était venu de révéler la vraie pensée de Napoléon. M. de Lebzeltern assura d'abord le pape de son dévouement, de celui de M. de Metternich et de celui de son maître, l'empereur François ; il ajouta que tous ils lui prêteraient assistance en toute circonstance ; enfin s'exécutant, il dit : que Napoléon ne se dessaisirait pas de la possession de Rome, qui est depuis longtemps un des principaux objets de son ambition politique ; qu'il reviendrait bien moins encore sur ses opinions relatives à la puissance temporelle des papes ; qu'il n'exigerait peut-être pas une renonciation formelle du Pontife à son ancienne souveraineté, mais qu'il exigerait que le Pontife observât une conduite passive qui ne rappelât en aucune manière le passé, et qui fût au fond une reconnaissance de la suzeraineté de l'Empereur.

Le pape l'interrompit avec vivacité : « Napoléon n'était-il pas le maître de Rome par le fait ? Ne disposait-il pas à son gré de mes Etats ? Tout au plus pouvais-je opposer quelques protestations à ses forces militaires ? Il n'en agissait pas moins à sa volonté ; ses troupes prenaient mes ports, traversaient ma capitale et partout vivaient à mes dépens. Mais je connaissais son but de longue main. L'Empereur est un homme qui ne veut jamais ce qu'il dit vouloir, et qui ne veut que ce qu'il n'avoue pas ; et toutes ses négociations, ses prétentions qui augmentaient et renaissaient à mesure que je devenais condescendant, ne pouvaient et ne devaient aboutir qu'à ce qui est arrivé. La déférence la plus entière de ma part à toutes ses volontés n'y aurait rien changé, et je me serais couvert de honte. »

Cela est vrai, disait M. de Lebzeltern ; mais il faut prendre les hommes tels qu'ils sont, et peut-être à Rome avait-on mis trop de raideur dans les petites choses et pas assez d'énergie dans les grandes. Il appartenait à Sa Sainteté d'adoucir les aspérités du chemin qui pouvait seul le reconduire à Rome, et de confier à ses défenseurs les moyens de coopérer à un retour si désirable.

L'entretien avait pris un tour paisible et amical. « Je l'assurai, pour citer M. de Lebzeltern lui-même, qu'en toute circonstance, et à propos de mon envoi à Savone, M. de Metternich s'était ouvertement déclaré pour lui, et qu'il avait dénoncé à Napoléon les principes inaltérables de notre cour envers la sainte Eglise et son chef visible et spirituel, et qu'il ne pouvait douter de nos sentiments sur cette grave question. »

La figure du pape exprima une vive satisfaction : « Combien, dit-il, je serais heureux de devoir un accommodement aux bons offices de votre Cour ! Que l'Empereur me laisse aller à Rome ; qu'il m'entoure du monde suffisant pour former mes consistoires et mes conseils ; que mes relations avec les fidèles soient parfaitement libres ! Je ne puis l'obliger à la restitution de ce qu'il m'a enlevé ; eh bien ! je ferai mes protestations ; mais je resterai tranquille. »

Ces protestations, à quoi serviraient-elles ? A attirer de nouveaux et de plus pénibles désagréments. Ici M. de Lebzeltern expose avec une grande force et une grande élévation les raisons qui peuvent servir la volonté de l'Empereur. « L'Europe entière a applaudi à vos actes ; vos droits sont gravés dans tous les cœurs ; la courageuse fermeté avec laquelle vous les avez défendus vit dans les souvenirs ; mais l'Europe sait aussi que la religion chancelle sur le bord d'un abîme, que Sa Sainteté seule *peut* et *doit* la sauver ; et que vous ne sauriez la sauver qu'au prix de grands sacrifices ; ces sacrifices, l'Europe chrétienne les attend de votre inébranlable constance. »

Mais le pape objecta le devoir que lui imposait sa conscience de défendre les droits du Saint-Siège et le patrimoine de Saint-Pierre ; son serment de transmettre intact ce dépôt à ses successeurs ; ses craintes que son silence ne fût interprété comme une renonciation tacite, comme un lâche abandon.

M. de Lebzeltern lui représenta que son silence, après toutes ses déclarations antérieures, ne saurait invalider ses droits, que l'Europe reconnaîtrait qu'en restant en possession de son siège apostolique, il avait écouté un devoir qui parle bien plus haut que tous ses droits, et qu'il s'était placé dans la seule attitude propre à les faire valoir dans les occasions que fera naître nécessairement la succession des temps, et peut-être dans un avenir prochain.

En effet, si le Saint-Père eût pu lire dans l'avenir et voir six ans plus tard le maître de Rome et de l'Italie, ce dominateur de l'Allemagne entière et des Espagnes, enfermé sur un rocher désert de l'Atlantique, déchu de sa puissance, et tombé de si haut que sa chute l'avait brisé, il eût peut-être cessé toute résistance et se serait rendu aux conseils amicaux et sincères de l'Autriche. L'Europe entière était courbée sous la force ; un état si violent pouvait-il durer ?

M. de Lebzeltern insistait : « Si vous restez ici, si vous venez à mourir, que deviendra le Saint-Siège ainsi que ses droits ? Vous pensez que l'Eglise est impérissable ; mais quel vaste terrain ne livrerait-on pas aux progrès de son plus grand ennemi, l'indifférence qui existe et qui déjà est si fatale ? Vos droits, Très-Saint-Père, sur la souveraineté temporelle deviendraient de l'histoire ancienne pour la nouvelle génération et de nombreux schismes diviseraient le monde chrétien. Aujourd'hui, en ce moment, l'insistance sur le temporel perdrait le spirituel, et Rome, que deviendrait cette pauvre Rome qui vous aime tant ? Une ruine, comme tant d'autres villes célèbres, dont on cherche à découvrir les traces au milieu des ronces et des sables. Si le vicaire du Christ n'avait été placé au pied du Capitole, Rome aurait cessé d'être depuis longtemps la ville éternelle ! »

Pie VII écoutait avec une profonde attention ; l'expression de sa figure vraiment évangélique était encourageante ; elle annonçait une complète approbation. Si le cardinal Antonelli et d'autres sommités de l'Eglise eussent été là et à même d'appuyer de si justes raisons, si du moins Napoléon eût été plus net dans ses instructions, et si renonçant sincèrement au projet d'établir le siège pontifical à Avignon ou même à Paris, il eût clairement consenti au retour à Rome, M. de Lebzeltern aurait tout arrangé sur l'heure.

« Mais, reprit le Saint-Père, je ne veux recevoir aucune pension ni honneurs ; que Napoléon me laisse en repos à Rome, exerçant les fonctions de mon ministère. Les catacombes ont été habitées par de saints Pontifes ; elles me suffisent. Qu'il ne porte aucune atteinte à mes droits spirituels, qu'il ne m'oblige pas à m'expliquer, je ne dirai rien. »

« Je pénètre au fond de votre pensée, répliqua M. de Lebzeltern ; vous voudriez par votre silence dire bien plus que par vos paroles ; vous voudriez, puissance sous terre, imposer au dominateur des deux tiers de l'Europe ; mais de grâce, réfléchissez à votre position. Il faut au contraire que vous jouissiez à Rome de toutes les prérogatives de la souveraineté spirituelle. Les temps l'exigent. Les exemples que vous citez, Saint-Père, ne sont pas applicables à l'esprit de notre siècle. »

« Eh bien, dit le Saint-Père, je résiderais au Vatican ou à Monte-Cavallo ; mais point de revenus assignés par la France ; je n'en ai pas besoin, et les fidèles pourvoiront à ma subsistance. »

— « D'accord pour Votre Sainteté, mais il n'en est pas de même pour les cardinaux, les prélats et la légion d'employés. »

— « C'est vrai, mais quelle confiance aurait-on dans les tribunaux, dans la propagande, dans mes consistoires, etc., lorsqu'on les saurait soldés par la France ? Cela rendrait leurs décisions suspectes, et moi-même je subirais bientôt le même sort de l'humiliation ; du discrédit à la déconsidération et à l'incrédulité, la distance est courte : plutôt la mort. »

Le pape s'animait ; l'entretien devenait dangereux. M. de Lebzeltern s'empressa d'ajouter qu'il avait bien deviné que le Saint-Père penserait ainsi ; que lui-même ne pensait pas autrement, mais qu'il y aurait peut-être moyen, sans rien assigner à la personne du Souverain-Pontife, d'affecter par exemple une certaine quantité de biens-fonds à l'entretien de la cour papale, sous quelque dénomination particulière qui ne fût point blessante. Ainsi les cardinaux demeurant à Paris, à l'exception de quatre, avaient accepté des *mensualités* de l'Empereur.

« Mais, répliqua le Saint-Père, que voulez-vous qu'il m'assigne ou me donne ? La *Camera apostolica* a aliéné tous ses biens-fonds, avant mon enlèvement de Rome, pour subvenir aux frais énormes du passage des troupes françaises. On m'offrirait sans doute les biens d'ordres religieux supprimés, ainsi qu'on a osé m'en proposer en France pour la valeur de dix-huit à vingt millions, lorsque j'y fus couronner l'Empereur, proposition inadmissible à tous égards et que je rejetai avec horreur et indignation. Mais il y aurait encore tant d'obstacles à vaincre en dehors de ceux-là, qu'on y perd la tête, et que je remets à Dieu seul la réparation de tant de maux. Comment observer une conduite passive pendant que Napoléon supprimerait sous mes yeux des couvents et des ordres religieux, et qu'il ferait sans cesse des innovations que je ne pourrais tolérer sans en devenir complice à la face de la chrétienté. »

M. de Lebzeltern fit observer que par une *convention* bien nette, où tout serait prévu, on pourrait prévenir ces inconvénients. Ce fut un mot malheureux. Le pape s'émut ; il avait fait tant de *conventions*, de *concordats* avec la France, l'Italie, la Bavière, le Wurtemberg, qui tous avaient affaibli son pouvoir et réduit l'Eglise à l'étroit ! Il les regrettait ; il se reprochait amèrement sa condescendance. Mais, grâce à quelques observations délicates, à quelques réflexions doucement persuasives, même à quelques plaisanteries, la conversation revint à ses allures calmes et affectueuses. Alors M. de Lebzeltern s'empressa de dire « qu'en cette occurrence il fallait qu'une des parties fît le premier pas vers l'autre, et pouvait-on attendre ce bon mouvement d'un homme enivré de gloire et d'ambition, habitué à tout voir fléchir devant lui, et qui se sent d'ailleurs comme vivement affecté par l'excommunication? Il croit que, par cet acte, Sa Sainteté a voulu soulever les peuples contre lui ; il juge cet acte comme avilissant pour l'honneur et la dignité du trône ; il veut obliger les papes à déposer de pareilles armes ; il croit enfin pouvoir se passer du Saint-Siège, grâce à la basse flatterie de ses conseils et à la faiblesse d'une partie du clergé français. »

« Ce serait donc à moi, répondit le Souverain-Pontife, de faire le premier pas, d'après votre opinion ! Mais quel pas puis-je faire? Il est excommunié par ma bulle ; il le serait de fait comme persécuteur de l'Eglise et de ses ministres, quand bien même ma déclaration ne subsisterait pas ; il le serait pour avoir porté une main violente et sacrilège sur les cardinaux, sur les prêtres, enfin sur le Pontife lui-même, en le faisant transporter. »

On sent dans ces paroles toute l'amertume que Pie VII conservait au fond du cœur : comment dès lors se déciderait-il à s'incliner devant la volonté impériale. Toujours fidèle au mandat qu'il avait accepté et qu'il exécutait avec une conscience si scrupuleuse, M. de Lebzeltern reprit « qu'il serait toujours bien désirable que la bulle d'excommunication fût retirée ; à tout pécheur miséricorde. Mais je dois à Votre Sainteté l'expression de ma pensée tout entière, au risque même de la blesser. A votre place, je ferais davantage ; j'écrirais une lettre à l'Empereur, dictée par la douceur et la modération, mais remplie de dignité, dans laquelle j'exigerais d'être rendu à la liberté, d'être mis à même d'exercer mes fonctions apostoliques ; j'invoquerais à cet effet son appui ; cette lettre, je la rendrais publique. Cette démarche directe ne *déparerait* pas le chef de l'Eglise, le vicaire du Christ, toujours prêt à pardonner les offenses, tandis qu'elle plongerait Napoléon dans le plus grand embarras devant tout le monde. Ce serait un coup habile, qui briserait infailliblement entre ses mains les armes de la calomnie qu'il veut employer et qu'il emploie contre vous. »

« Ecoutez, Lebzeltern, dit le pape, vous voyez assez que je suis disposé à beaucoup céder et que ce ne serait pas des vues simplement temporelles qui entraveraient un arrangement ; mais quant à ce qui touche le *jus divinum* et ma conscience, vous me voyez calme et résigné dans ma captivité. Elle serait mille fois plus dure, je devrais monter sur l'échafaud que je ne dévierais pas d'une ligne de ce que me prescrivent mes devoirs. Or je les trahirais si je rapportais mon excommunication sans des motifs suffisants, et l'on m'accuserait de faiblesse ; et quant à la demande dont vous me parlez d'une lettre à l'Empereur, d'une sorte d'encyclique, elle est tellement grave, elle peut être suivie de conséquences tellement importantes avec un homme de ce caractère, qui trouverait peut-être le moyen d'altérer mes paroles et de les publier à mon détriment, que je ne saurais me résoudre à y souscrire sans l'avoir préalablement rendue l'objet des mûres délibérations de mon conseil. »

L'émotion du Saint-Père était grande et M. de Lebzeltern chercha à la calmer par quelques observations. « Votre Sainteté ne peut agir contre sa conscience ; malheur à qui ne sentirait pas la force de cette vérité. Mais n'est-il pas de votre conscience de saisir tous les moyens possibles de sauver le catholicisme, l'Eglise et son unité? Votre Sainteté dira qu'elle est impérissable ; ce sont les divines paroles de Jésus-Christ ; mais pourquoi réduire cette Eglise à des extrémités? Pourquoi exposer des intérêts si élevés à des maux qu'il faudra peut-être des siècles pour réparer? Si une complaisance préliminaire attestait de la part de Napoléon un désir de rapprochement, Votre Sainteté ne serait-elle pas tenue de donner au monde une nouvelle preuve de son esprit évangélique, en rappelant une bulle, dont au reste, veuillez me croire, les effets ont été nuls (1) aux yeux d'une généralité qui n'est malheureusement que trop indifférente aux premiers intérêts de la religion. Votre Sainteté craint d'être accusée de faiblesse; mais rien d'aisé comme de donner à l'opinion publique une direction convenable, et de commander la vénération des vrais fidèles. Il suffirait d'une nouvelle bulle explicative. — Daignez vous pénétrer d'une considération, c'est que l'attitude de silencieuse résignation, d'inertie absolue, dans laquelle vous êtes placé, sert aussi mal vos vrais intérêts qu'elle sert bien ceux de votre puissant adversaire. »

On ne pouvait parler plus justement, et les deux partis trouvaient leur compte dans ce langage. — Le pape se recueillit et prononça ces mémorables paroles : « Si Napoléon manifeste le vœu de se rapprocher de l'Eglise, et qu'il en atteste la sincérité *par quelque fait*, cet objet peut s'arranger, et *personne assurément ne le désire plus que moi.* »

Mais ce désir ne devait pas être efficace ; demander à Napoléon de venir au-devant de la réconciliation, c'était demander l'impossible.

V

Le général Berthier, dans ses lettres, ne parle que de la première audience accordée par le Saint-Père ; il y en eut plusieurs. La seconde eut lieu le surlendemain de la première, le 18 mai. Le pape avait voulu se donner vingt-quatre heures de réflexion, qui furent vingt-quatre heures de tourment et de fatigue. On le vit bien à son air abattu, à ses yeux rougis et malades. Sa santé était du reste ébranlée ; il avait déjà souffert de vertiges qui, plusieurs fois, l'avaient contraint d'interrompre tout travail, toute lecture. L'isolement lui avait été dangereux ; M. de Metternich l'avait bien pensé et l'avait dit ; la venue de M. de Lebzeltern lui avait imprimé une secousse dont il avait de la peine à se remettre. Le pape en effet était assez fort pour ne pas rejeter de ses épaules un poids bien lourd, mais il n'était pas assez fort pour n'en être pas accablé. M. de Lebzeltern dit aussi qu'il est franc et droit, mais qu'il se défie de lui-même. S'il avait eu auprès de lui des conseillers éclairés dont il eût apprécié les doctrines et les jugements en matière religieuse, le conseiller autrichien aurait obtenu de plus grands avantages au point de vue de la réconciliation avec la France. Mais lui-même, n'étant pas théologien, ne savait

(1) M. de Lebzeltern pouvait ajouter qu'elle n'avait pas empêché le mariage religieux avec l'archiduchesse Marie-Louise.

que répondre aux citations et aux objections tirées des docteurs et des canonistes ; il ne pouvait invoquer qu'une saine politique et la loi des nécessités. Des conseillers qui n'auraient pas quitté le Souverain-Pontife auraient profité de ses dispositions diverses dans le cours d'une journée ; mais ce malheureux pontife était seul avec ses tristes souvenirs, enfermé dans une vraie prison, troublé par le bruit des gardiens, ne recevant que des lettres ouvertes ; il ne pouvait, étant trop pauvre, répondre aux demandes de secours ; il apprenait toutefois, et trop sûrement, ce qu'on faisait contre lui et contre les institutions de l'Eglise, et il s'irritait, il s'exaltait ; le désespoir affermissait la résistance. La prière seule était bienfaisante et le calmait ; il se relevait résigné, mais il restait décidé à ne se relâcher en rien de ses droits et de ses devoirs.

Le 18 mai, le pape fatigué se répandit en plaintes vives : sa position était plus dure que n'avait été celle de Pie VI, qui dans sa captivité avait gardé près de lui un cardinal, des prélats, des secrétaires et un ministre d'Espagne dont la résidence à ses côtés avait été autorisée par le gouvernement républicain de la France. Napoléon était plus rigoureux pour le pape qui avait consenti à le sacrer et à le couronner dans l'église Notre-Dame. — Pie VII montrait des piles de papiers qu'il avait à examiner, à expédier ; et personne ne le soulageait ; il n'avait qu'un serviteur, un copiste, qui écrivait bien sous la dictée, mais qui était incapable de rédiger lui-même.

M. de Lebzeltern profita de ce mouvement de mauvaise humeur pour le conjurer de sortir par tous les moyens possibles d'une position si cruelle. Mais le pape voyait des difficultés que Dieu seul pouvait aplanir ; Dieu choisirait peut-être l'Autriche comme intermédiaire, et il s'en réjouissait.

Il montra à M. de Lebzeltern une réponse qu'il avait faite au cardinal Fesch, qui lui avait écrit le 1er avril une lettre qu'il n'avait reçue que le 1er mai. Cette lettre tendait à la réconciliation de la France et du Saint-Siège, et elle produisait pour l'atteindre les seules raisons qui fussent admissibles. Il fallait arriver à une entente, autrement l'Empereur réunirait un concile, trancherait lui-même toutes les questions et préconiserait les évêques nouvellement proposés.

La réponse au cardinal Fesch était partie avant l'arrivée à Savone de M. de Lebzeltern ; elle portait en substance que l'Empereur enlevait au pape tout moyen de le satisfaire ; qu'il pouvait réunir un concile, mais que le concile serait nul, qu'il aurait même contre lui l'opinion de nombreux docteurs français. Cependant, comme il ne fallait repousser toute tentative de réconciliation, le cardinal Fesch était chargé de présenter à l'Empereur des exhortations développées dans une page et demie, « tendant tantôt à lui assurer la gloire dans ce monde et dans l'autre, s'il se rapprochait sincèrement de l'Eglise, tantôt à le menacer de punitions qui retomberaient sur ses successeurs s'il persistait dans la persécution. » Etait-ce là un bon moyen d'amener une composition ?

Tout cela troublait fort le Souverain-Pontife, et à ce trouble s'ajoutait celui que lui causait la suppression des ordres religieux en Italie, la réunion des précieuses archives du Vatican aux archives impériales, la déportation de plusieurs prélats qui étaient restés à Rome, enfin la connaissance de la façon dont treize cardinaux avaient été traités à Paris. C'étaient chaque jour de nouvelles blessures, de nouvelles avanies, de nouveaux déchirements et, au milieu de tant de chagrins et de douleurs, on lui parlait de paix et de réconciliation. Il n'était plus maître de lui ; il laissait grandir son émotion et « il déclarait avec véhémence qu'il lancerait des interdits contre l'Empereur, s'il ne permettait pas l'envoi près de lui des conseils et des employés dont il avait besoin, et s'il l'empêchait de communiquer librement avec les fidèles ». Il poussa l'irritation jusqu'à dire « qu'il séparerait de la communion des fidèles tous ceux qui communiqueraient avec ce persécuteur de l'Eglise, et qu'il était encore loin d'avoir fait usage de toutes ses armes, que l'Empereur l'y forcerait et qu'il n'aurait ensuite qu'à se prendre à lui-même des épouvantables désordres qui naîtraient et que son épée serait impuissante à réprimer. Il reconnaissait dans toutes les nouvelles mesures prises par le souverain cet esprit de persécution et de destruction qui le possédait et qui rendait tout accommodement non durable avec lui ». Ainsi se révèle la véritable pensée du Souverain-Pontife ; il n'a aucune confiance dans Napoléon, et dès lors il lui est difficile de se rendre à ses désirs.

M. de Lebzeltern ne se découragea pas cependant ; s'il avait moins connu le caractère de Pie VII, il aurait dès ce moment regardé sa mission comme avortée. Il avait passé la veille, le 17, toute la journée avec MM. de Chabrol et Berthier ; il avait pu éveiller des soupçons ; mais il se rassura en réfléchissant à l'admirable mansuétude du Souverain-Pontife ; il reprit courage. Il exprima les regrets que lui causait la réponse au cardinal Fesch ; il releva même, quoi que pût objecter Sa Sainteté, certains points qui lui semblaient contraires à sa position actuelle et à celle de l'Eglise. Le pape « avoua qu'il aurait pu y mettre plus de ménagements, mais que cet écrit n'était pas adressé à Napoléon et qu'il répondait à une lettre confidentielle du cardinal, que lui, pape, devait détruire toute idée que l'Empereur pût s'arroger l'autorité d'assembler un concile et que les décisions d'une pareille assemblée pussent être productives d'un acte quelconque valable. »

Si l'envoi de cette réponse n'avait pas précédé l'arrivée à Savone de M. de Lebzeltern, elle eût été sans doute rédigée différemment, car le Saint-Père reconnut qu'il aurait pu la rendre moins heurtante ; telle qu'elle était, on pouvait craindre qu'elle ne provoquât les plus graves conséquences. « Et quelles conséquences, s'écria le pape ! Quant à moi, que je vive seul et enfermé comme je le suis, ou bien que je sois à cent pieds sous terre, c'est assez égal pour tous, parfaitement égal pour moi. Ne doit-il pas se trouver des martyrs, dès qu'il se trouve des persécuteurs ? Pourquoi me pousser à bout ? Les mesures dont je l'ai menacé, auront plus d'effet que vous ne pensez. » Le pape appuya cette assertion sur un grand nombre de traits de l'histoire de l'Eglise qu'il possédait à merveille. Il fit allusion aux grands pontifes du moyen-âge, à Grégoire VII, à Innocent III, à Innocent IV et à bien d'autres.

« Permettez à ma sincérité, Très-Saint-Père, dit alors M. de Lebzeltern, de vous faire observer que ces exemples ne sont nullement applicables aux temps actuels. Votre Sainteté est trop rapprochée du ciel par ses vertus pour connaître le mauvais grain qui a germé sur toute la terre. Il n'y a qu'un bien petit nombre d'êtres qui pensent comme aux époques qu'elle vient de citer, et il y en a peut-être moins encore qui pensant de même oseraient l'avouer. Il y a même des gens pieux qui ne pensent pas ainsi, et il y en a qui puisent dans les faits de l'histoire que Votre Sainteté vient d'alléguer des armes contre la puissance trop étendue que les anciens pontifes se sont attribués sur les rois de la terre. En France, vos interdits y deviendraient le sujet de discours oiseux, d'insolents commentaires dans les journaux, sans autres résultats que de provoquer quelques vœux isolés, quelques regrets tacites et stériles, une impression enfin qui serait bientôt dissipée. Je trahirais votre confiance, si je ne vous soumettais pas la vérité tout entière, telle que je la sens. Votre première excommunication, quel effet a-t-elle produit ? »

M. de Lebzeltern n'a fait que résumer dans ses mémoires les longs développements qu'il a donnés à des raisons si justes et si précises ; fidèle à la mission qu'il avait reçue de Napoléon tout aussi bien que de M. de Metternich, il cherchait à obtenir une conciliation. Le pape dut être ébranlé, car il changea soudain la conversation et dit : « Je ne disconviens pas que Napoléon soit homme à revenir par un mouvement brusque et spontané sur ses résolutions à mon égard, mais ce ne sera jamais par suite de ses propres réflexions ou bien par suite de bons procédés de ma part. Vous voulez que je fasse les premiers pas (il avait certes bien compris ce qu'on lui demandait), vers lui, mais comment ? indépendamment de ma bulle, je vous l'ai dit avant-hier, je le regarde comme séparé de l'Eglise par le fait qu'il a été et qu'il est le persécuteur de l'Eglise de Jésus-Christ et de ses ministres. Qu'il me replace à Rome (c'est donc bien Rome que veut le Souverain-Pontife) avec des employés, des tribunaux, sans pension ; je n'en accepterais sous aucun titre, je vous le répète ; qu'il m'ouvre les catacombes (souhait sans portée ; il était certain qu'il n'irait pas), elles me suffiront, et les secours des fidèles suppléeront au reste. Qu'il ne me force pas à m'expliquer ! Que peut-il désirer de moi ? Il est évidemment de mauvaise foi, lorsqu'il dit que j'ai voulu soulever les peuples contre lui ; il sait bien le contraire ; il a toujours abusé de la délicatesse et de la sévérité de mes principes à cet égard. Mes sujets n'étaient-ils pas prêts à s'armer en ma faveur ? Je le leur ai défendu en les exhortant à la tranquillité, et en leur ordonnant de traiter amicalement les troupes françaises. Lorsqu'on m'a offert toutes les facilités pour sortir de Rome (1), ne m'y suis-je pas constamment refusé ? vous le savez. Lorsque j'ai été outrageusement arraché et enlevé de ma résidence, n'ai-je pas recommandé à tous la soumission aux volontés du Très-Haut ? n'ai-je pas menacé de mon mécontentement quiconque aurait osé provoquer le moindre désordre ? Qu'il cesse donc d'employer les armes de la calomnie ; il est trop puissant pour descendre si bas ! »

Le Saint-Père parlait avec feu ; mais dans la discussion qui suivit ces paroles, il se calma, et enfin il arriva à cette déclaration vraiment satisfaisante : « Si Napoléon fait quelque chose en faveur de la religion, je retirerai mon excommunication. »

Note de M. de Lebzeltern : — Moi, le premier, je l'avais alors supplié, mais en vain, de se soustraire à tant de violences et d'aller tenir ailleurs et en liberté le sublime langage que réclamait sa position.

M. de Lebzeltern fit observer que, craignant de paraître se soumettre, l'Empereur ne se résoudrait pas à une pareille démarche. Le pape répliqua : « Pour mériter une absolution, il faut faire une pénitence. » M. de Lebzeltern répliqua à son tour : « C'est juste, mais l'absolution précède la pénitence. » Cet entretien aboutit à la promesse de rappeler l'excommunication pourvu que l'Empereur fournît un prétexte plausible et de nature à justifier le Pontife devant sa conscience et aux yeux des fidèles.

M. de Lebzeltern révéla alors au pape plus clairement qu'auparavant qu'il ne devait le renoncement de l'Empereur au projet d'établir le saint-siège à Paris qu'aux fortes représentations de M. de Metternich ; que toutefois l'idée prédominante chez Napoléon était aujourd'hui de le placer à Avignon s'il y consentait, mais avec une cour à lui, des revenus indépendants, des ambassadeurs des puissances catholiques revêtus de leurs prérogatives, la faculté d'envoyer des nonces dans toutes les capitales, etc..., et tout cela sans exiger de renonciation formelle de ses Etats. Le Saint-Père écoutait avec surprise et aussi avec satisfaction. Mais il ne voulait pas entendre parler d'Avignon (1) : « Son siège, son diocèse était à Rome, et ce n'est que là qu'il consentirait à se rendre. »

« Peut-être, insinua M. de Lebzeltern, l'Empereur consentirait-il à vous rétablir à Rome, s'il ne craignait des complications avec les Romains, et aussi le renouvellement de scènes odieuses avec ses subordonnés qu'il désavoue publiquement. »

« Je le sais, reprit le pape, il les désavoue, mais il en laisse à Rome les exécuteurs qu'il a comblés de ses faveurs, et il laisse le cardinal Pacca croupir dans une forteresse ; il laisse dans l'exil une foule de mes ministres. »

M. de Lebzeltern ne pouvait se faire l'apologiste de ces faits qu'il qualifie d'horreurs, faits qui s'étaient en partie passés sous ses yeux ; le Saint-Père savait du reste ce qu'il en pensait. Mais se rattachant à l'objet de sa mission, y revenant, M. de Lebzeltern dit que si l'Empereur consentait à ne plus exiger des actes de renonciation, du moins voudrait-il être assuré d'un silence absolu sur le passé.

« Inutile, repartit le Pape ; il n'y a ni convention, ni pacte possible avec lui ; peut-on être certain qu'il n'en démolira pas les articles pièce à pièce par d'autres articles additionnels et non concertés, mais entièrement de sa façon ? »

Ces craintes fondées sur le caractère de l'Empereur, le pape les avait déjà exprimées ; cependant par un retour, il ajouta : « La garantie d'un tiers me tranquilliserait beaucoup, surtout celle de l'Autriche, si pour mon bonheur cette puissance devait intervenir dans cette question ; » et complétant sa pensée dans un élan de conciliation : « Je vous ai déjà dit ce que je serais disposé à faire de mon côté ; que voudrait-il encore ? que je le reconnaisse comme em-

---

(1) NOTE DE M. DE LEBZELTERN : — L'extrême répugnance du Saint-Père contre une résidence à Avignon s'explique par une foule de motifs, et moi-même je me révolte intérieurement contre une pareille idée dont la réalisation serait d'ailleurs la ruine de Rome. Rome ne vit que par le sacré collège, les tribunaux ecclésiastiques, la Daterie, et les nombreuses congrégations qui s'y concentrent. Dans la suite des siècles, l'agriculture, le commerce, d'autres ressources enfin suppléeraient à celles-là, mais en attendant Rome périrait. Les papes ne transférèrent leur siège à Avignon que pendant soixante-dix ans, et la population de la ville éternelle fut réduite à 32,000 âmes.

pereur d'Occident, eh bien, je le reconnaitrai. Veut-il que je le couronne à Rom en cette qualité? Eh bien, je le couronnerai. Cela ne s'oppose pas à mes devoirs de conscience, du moment qu'il se sera rapproché de l'Eglise et qu'il aura cessé de la persécuter ; mais j'exige qu'il ait des égards pour son chef en sa qualité indélébile de chef spirituel du christianisme ! »

« Très-Saint-Père, répondit M. de Lebzeltern, vous m'accordez trop pour ne pas m'accorder davantage ; il faudrait permettre à vos sujets d'obéir aux autorités existantes et rapporter vos défenses à ce sujet. »

Un geste, que le pape ne put retenir, exprimait si bien qu'il trouvait cette condition trop dure et qu'elle le pénétrait jusqu'au cœur, que M. de Lebzeltern regretta de l'avoir énoncée. Enfin, après quelques instants de silence, Pie VII reprit : « Il vaudrait bien mieux ne leur rien prescrire; » et il dit encore : « Ce serait un article susceptible d'arrangement, si on tombait d'accord sur le reste. »

C'était vraiment pousser aussi loin que possible les condescendances, car celle de couronner Napoléon empereur d'Occident n'impliquait-elle pas tacitement la reconnaissance de ce souverain comme suzerain de Rome ? Les plus grands résultats étaient donc obtenus ; toutes facilités étaient accordées pour conclure un arrangement.

« Je frémissais moi-même d'avoir tant obtenu », dit M. de Lebzeltern ; et certes il a eu un grand mérite à si bien accomplir sa mission. Au fond du cœur, il désapprouve l'Empereur, et il parle pour lui ; il soutient la cause impériale par tous les arguments que sa raison lui suggère, et aussi, il faut bien le reconnaître, l'amour de la religion qui chez lui était très-vif. Sauver l'Eglise était la seule pensée qui l'animait, et il aurait voulu que le pape fît passer avant tout intérêt personnel les intérêts spirituels. Toutefois il considérait comme inutiles les concessions pontificales. Il connaissait si bien le caractère de l'Empereur : il savait qu'il repousserait toute ingérence de l'Autriche, et que du moment que toutes les exigences, sans en excepter une seule, ne seraient pas acceptées, il romprait tout accord. M. de Lebzeltern cherche un succès et il espère un échec ; il est cependant d'une entière bonne foi, et, en définitive, l'Eglise pacifiée l'aurait consolé de toutes les dures conditions qu'aurait pu imposer le pouvoir impérial.

Mais comme il prenait en souffrance les émotions du Saint-Père! Il pénétrait avec douleur dans ce cœur attristé où se combattaient les sentiments les plus divers, la conscience du devoir qui inspirait la résistance, et cette bonté souveraine qui inclinait vers la conciliation. « Dans un entretien de plusieurs heures, dit-il, combien d'opinions et d'affections n'ai-je pas dû heurter ! Et cependant j'ai vu le Saint-Père passer successivement d'un état d'irritation et d'exaltation, qui d'abord m'effrayait, à des sentiments d'abnégation et de douceur évangéliques qui surpassaient mon attente. »

Récapitulons ici avec M. de Lebzeltern les concessions obtenues soit explicitement, soit implicitement ; il est évident :

1º Que la reconnaissance tacite par le Saint-Père de l'Empereur comme suzerain de Rome et des anciens Etats romains est accordée comme d'avance ;

2° Qu'il est possible de rétablir Sa Sainteté dans la plénitude de sa souveraineté spirituelle, en écartant tout ce qui touche à la souveraineté temporelle ;

3° Qu'il est aisé d'obtenir le rappel de l'excommunication et la rentrée de Napoléon dans le sein de l'Eglise ;

4° Qu'il l'est également d'arranger tous les autres différends entre le Saint-Père et l'Empereur :

Entre autres, l'observance des propositions gallicanes. Un sénatus-consulte avait exigé, au sujet de ces propositions, un serment d'observance ; le Saint-Père l'avait refusé, et il s'était même appuyé sur l'opinion de docteurs français qui réprouvaient les doctrines de 1682 ; il en venait à fléchir ;

Entre autres, la nomination de cardinaux de nationalité étrangère ; mais le pape ne voulait pas qu'ils fussent assez nombreux pour avoir la majorité dans le conclave, et il faisait ses réserves, car l'Empire français, qui comprenait presque tous les Etats catholiques, était si étendu que les cardinaux étrangers pourraient être tous dans la main de Napoléon ;

Entre autres encore, le choix des personnes dont Sa Sainteté a besoin pour remplir sa mission. Elle ne peut ni ne veut les demander à Napoléon, dont elle suspecte les tendances ; elle n'accepterait pas les hommes qu'il aurait désignés, pas plus que Napoléon n'accepterait ceux qu'elle désignerait elle-même. Elle prie donc M. de Metternich de se charger de ce soin ; ce sera un immense service rendu à l'Eglise, qui reprendra le gouvernement d'elle-même.

Ajoutons que sur ce dernier point, par délicatesse à l'égard de ceux qui se trouveraient exclus, le Saint-Père proposa à M. de Lebzeltern ce qui suit : « Vous connaissez aussi bien que moi la cour romaine, ses travaux et ses besoins ; c'est à vous à former cette liste, avec l'agrément de votre propre cour et de M. de Metternich ; je ne crains pas que vous fassiez des choix que je me verrais forcé à ne pas admettre ; au reste, et dans tous les cas, je souscris d'avance à tous ceux que vous ferez. »

M. de Lebzeltern proposa au pape de composer à Savone même cette liste ; il répondit : « Non, je ne veux pas la connaître ; dressez-la à Paris et soumettez-la à M. de Metternich ; et, je le répète, soyez persuadé que je l'accepterai dans sa totalité sans éliminer un seul nom. »

Cette marque de confiance personnelle termina l'entretien.

Il faut donc reconnaître que si l'Empereur consentait à la rentrée du Saint-Père, comme chef spirituel uniquement, dans cette ville de Rome, d'où il avait commis la faute, qu'il s'avouait à lui-même sans l'avouer à d'autres, de le faire sortir, tout était arrangé.

VI.

M. de Lebzeltern ne revit le pape que le 20 mai dans la soirée ; il écrit, en effet, le 21 : « J'eus l'honneur de faire ma cour hier au soir à Sa Sainteté, et notre conférence se prolongea bien avant dans la nuit. »

Il avait trouvé le pape dans une étrange situation d'esprit, ne retirant pas ce qu'il avait accordé, mais regrettant de l'avoir accordé et espérant que l'Empereur, persuadé que ce n'était pas assez, répondrait par une fin de non-revoir et que dès lors rien ne serait fait. Le Saint-Père, nous l'avons dit, avait un caractère que M. de Lebzeltern connaissait bien ; il était tout ensemble timoré et résistant, enclin à céder et cependant persévérant dans un refus; et quand il cédait, il s'abandonnait à de longs regrets au sujet de sa faiblesse, et il les exprimait parfois avec une vivacité voisine de l'emportement. Ainsi, dans la réponse qu'il faisait à M. de Metternich, qui lui avait écrit au sujet de la mission de M. de Lebzeltern et qu'il remettait à ce dernier, il laissait échapper quelques termes violents qui sortaient évidemment d'un cœur profondément blessé ; et pourtant il ne s'expliquait pas complètement, et il se référait à des développements verbaux que le négociateur serait en mesure de donner. M. de Lebzeltern ne cacha pas son étonnement. « J'osai, dit-il, lui manifester le désir qu'il changeât différentes expressions qui me paraissaient trop fortes, en lui faisant observer que ce n'était plus au cardinal Fesch qu'il répondait, mais à une lettre toute de respect et de convenance. Le Saint-Père, malgré sa fatigue, eut la bonté de modifier le bref. »

En effet, le bref non modifié aurait été de nature à donner à M. de Metternich peu d'espoir d'arriver à un accommodement. Le Saint-Père rentra dans le calme cependant, et dit avec une grande douceur à M. de Lebzeltern « que dans son attitude actuelle il ne pouvait articuler des résultats plus positifs ; qu'il avait passé les trois dernières nuits à réfléchir à ses entretiens et à ses observations; qu'il s'était ouvert à lui avec le plus entier abandon, et comme à un ami, convaincu qu'il n'en abuserait pas; que dans l'isolement absolu où il se trouvait, il ne prendrait jamais sous sa responsabilité de se fixer définitivement à un parti, en des circonstances aussi délicates et aussi importantes, sans se précautionner et se rassurer contre lui-même, moyennant les lumières et les avis des personnes dont il respectait la doctrine et les maximes pures et élevées en matière religieuse, puisqu'il s'agissait de sujets dont il devait rendre compte à Dieu, à l'Eglise et à la postérité. »

M. de Lebzeltern s'attendait à cette déclaration. Le pape, nous ne saurions trop le répéter afin qu'on le comprenne bien, le pape qui réunissait de si éminentes qualités, n'était pas doué de la force nécessaire pour prendre un parti décisif, sans être appuyé par le suffrage imposant de ses principaux conseillers. Il se méfiait de lui-même, et il était épouvanté d'avoir tant accordé.

Aussi, lorsque M. de Lebzeltern lui soumit l'analyse que nous avons donnée tout à l'heure de leurs entretiens, il se leva, et prenant un ton de solennité et de majesté, il lui dit : « Je vous ai dévoilé bien des sentiments que je n'aurais fait connaître à aucun autre; je n'en ressens aucun regret, dans l'intime confiance que je nourris de n'être jamais compromis par vous. Cependant, écoutez-moi, je ne vous autorise dans les explications, soit verbales, soit écrites, que vous allez fournir à Paris, qu'à exprimer uniquement ce qui suit, ce que d'ailleurs vous avez vu et entendu, c'est-à-dire que vous m'avez trouvé résigné aux décrets de la divine Providence entre les mains de qui j'ai exclusivement et humblement remis la défense de ma cause ainsi que ma destinée, ferme et inébranlable, comme je le suis, en ce qui regarde ma conscience et les droits divins. Parlez de mon calme et de ma sérénité dans ma prison, de ma conviction que les désordres qui ne menacent que trop l'Eglise ne seront imputés qu'à leur véritable auteur. Dites aussi que mes vœux les plus ardents sont que l'Empereur se rapproche de l'Église, qu'il réfléchisse que les gloires du monde n'assurent pas les biens de l'éternité ; qu'il cesse ses persécutions ; qu'il me fournisse les moyens de satisfaire aux devoirs sacrés de mon ministère, et de communiquer librement avec les fidèles ; qu'il ne les prive pas des secours de leur père commun et qu'il me mette en mesure d'y pourvoir sur le siége de saint Pierre. — Ajoutez que je désire vivement et franchement une réconciliation, mais jamais aux dépens de ma conscience ; qu'enfin je regarderais aujourd'hui comme un bienfait signalé du ciel que l'Autriche devînt la médiatrice de tout accommodement. Assurez hardiment que je ne ressens aucune animosité personnelle, aucune rancune contre Napoléon ; que je lui pardonne de tout mon cœur le passé ; que rien ne m'affligerait autant que s'il me croyait susceptible de ressentiments que Dieu défend et qui ne trouvent d'accès ni dans mon âme ni dans mon esprit. »

Ce sont là de sublimes paroles, et ce fut pour M. de Lebzeltern un grand honneur de les entendre. L'âme du Souverain-Pontife était toujours haute, si elle n'était pas toujours forte, et ses pensées, toutes d'inspiration, étaient empreintes d'une onction et d'une suavité qui témoignaient d'une douceur inaltérable. Il était prisonnier, il s'estimait martyr, et il parlait en apôtre. M. de Lebzeltern fut profondément ému.

« Voilà, continua le Saint-Père, tout ce que vous pouvez déclarer, si vous ne voulez m'attirer des complications plus fâcheuses encore ; c'est tout ce que je puis manifester moi-même dans la réclusion à laquelle on m'a condamné. »

Puis revenant aux craintes que lui inspirait le caractère de l'Empereur, et que ravivait en lui le souvenir du traitement qu'il avait éprouvé à sa sortie de Rome, pendant son voyage à travers l'Italie et la France, et depuis qu'il était à Savone, il ajoutait : « Persuadé d'ailleurs, ainsi que je le suis, que Napoléon n'est pas de bonne foi lorsqu'il témoigne un désir de réconciliation, à moins que l'union qu'il vient de contracter ne soit la voie dont le ciel a voulu se servir pour lui inspirer d'autres sentiments, mais j'en doute, malgré les espérances que vous en concevez, ou plutôt malgré les bons souhaits qui vous les font concevoir. Dans tous les cas, quelle garantie aurais-je que tout ce qui serait arrangé aujourd'hui ne fût de nouveau désavoué et annulé d'un trait de plume dès la première occasion où il croira voir le moindre intérêt d'ambition et où il sera dominé par un de ces accès d'emportement qui obscurcissent sa raison ! La cour d'Autriche est la seule, si elle se trouvait dans une attitude qui lui permît d'intervenir sérieusement dans un accommodement, qui puisse me rassurer sur l'avenir, et même alors jusqu'à quelle époque persistera-t-il dans les sentiments d'amitié qu'il lui prodigue aujourd'hui dans l'ivresse d'une alliance qui met le comble à ses vœux. — L'envoi à Savone de personnes qui puissent me soulager dans un travail qui m'accable, parce qu'il est excessif, est d'autant plus indispensable qu'il y a des affaires qui réclament un examen approfondi, des discussions et des procédures ; il y en a d'autres qu'il faut soumettre à des formalités que je ne connais pas, ainsi que je vous l'ai dernièrement avoué avec franchise ; ma santé et ma vue faiblissent journellement, et je sens que je ne saurais résister à la fatigue de ma position : d'ailleurs elle exalte mes passions. Celles-ci sont vives, je le confesse, et j'ai souvent bien de la peine à les réprimer. »

Qu'on se représente en effet le pape Pie VII, enfermé depuis de longs mois dans l'évêché de Savone, isolé, privé de ses anciens conseillers, ne conservant plus de rapports avec le monde catholique et ne pouvant plus dès lors le gouverner, affligé des nouvelles qui venaient avec peine, mais qui venaient jusqu'à lui, et qui lui apprenaient les souffrances de ses cardinaux, de ses fidèles, des chrétiens nombreux encore qui restaient attachés à sa personne et à l'Église romaine, et l'on comprendra cette irritation qu'il dominait dans la solitude, mais qui éclatait soudain et sans réserve devant un ami éprouvé qu'il avait connu dans des temps meilleurs, et qu'en pleine adversité il revoyait avec une joie douloureuse. Il ne pouvait se contenir, et M. de Lebzeltern dit « que l'altération de son visage devint sensible, sa voix forte et quasi menaçante ; à la sérénité qui régnait sur son front succéda l'expression de la dignité offensée. »

Les douleurs du Saint-Père se réveillaient, et avec elles ses craintes et ses méfiances ; sa pensée était alors bien loin de l'accommodement qu'il s'était efforcé d'accepter, de la paix religieuse à laquelle il aspirait et qu'il avait tenté de conclure, et il ajoutait : « Si Napoléon porte de nouvelles atteintes à la religion, tout en faisant valoir sa protection hypocrite et perfide ; s'il me porte de nouveaux coups, ou bien me fait traîner à Paris ; s'il persiste à vouloir accréditer dans le monde la fausse opinion que je ne remplis pas mes devoirs par pure opiniâtreté, que je sacrifie les intérêts de l'Église à des vues secondaires, que l'accès est libre près de moi, tandis que vous êtes le seul jusqu'ici qui m'ayez approché et avec qui j'aie pu causer sans d'humiliants témoins, ne recevant qu'une lettre sur dix qui me sont adressées, et celle-là encore ouverte et mutilée ; enfin, si l'Empereur me force à sortir de ma conduite passive, alors j'emploierai les dernières armes qui me restent, et je ferai un éclat auquel sans doute il ne s'attend pas. Les moyens ne me manquent pas tout à fait, et mon seul regret sera alors de compromettre les individus qui se trouvent préposés à ma garde. »

Le cœur du Souverain-Pontife déborde de douleur et d'amertume ; les concessions qu'il a faites dans ses précédents entretiens avec M. de Lebzeltern lui ont bien coûté ; il les regrette, et d'autant plus qu'il les croit vaines ; il s'est abaissé, inutilement sans doute, et, dans une dernière audience, il se relève avec indignation. Mais de quels moyens de résistance, d'action puissante, dispose-t-il ? Il ne le dit pas. Pourra-t-il s'enfuir de Savone ? Le monde catholique, répondant à son appel, se lèvera-t-il contre le formidable maître de l'Europe occidentale ? A-t-il de l'argent ? a-t-il un asile où, libre, il exercera de nouveau l'autorité pontificale ? Ne songe-t-il pas plutôt à dénoncer au monde catholique l'empereur Napoléon ? à lancer de nouveau contre lui une excommunication? M. de Lebzeltern le croit, et laisse voir sur sa physionomie le doute et l'inquiétude ; le pape le comprend, et se souvenant des représentations qui lui ont été faites précédemment sur l'inefficacité des armes religieuses, sur la tendance des esprits et des opinions du siècle nouveau, il reprend d'un ton radouci : « Au reste, soyez tranquille, je vous l'ai dit, je ne me porterai à ces extrémités que dans le cas où j'y serais forcé ; vous savez que mon caractère s'y oppose. » Ici, il rentre dans son naturel, et sa douceur innée fait tomber toute irritation. Il continue cependant : « Quant aux armes dont il s'agit, leurs effets seraient peut-être bien autres que vous ne le croyez ; j'en ai reçu des preuves nombreuses. Mais je le dis encore, soyez tranquille ; j'espère que Dieu m'accordera assez de courage et de force d'âme pour supporter ma croix patiemment ; ne craignez point de ma part des démarches hasardées ou trop précipitées. Si vous connaissiez les angoisses de mes nuits comme celles de mes journées, les douleurs de tous les instants de ma vie solitaire, vous concevriez mieux les changements que subissent quelquefois mes dispositions et que vous avez remarquées dans mes discours. »

C'est dans ce dernier entretien que Pie VII se révèle à nous tout entier. Dans les entretiens précédents, ne pouvant se refuser aux propositions d'accommodement qui lui étaient faites, il en discutait les conditions et s'appliquait à les rendre supportables. Tout en défendant point par point son autorité et son indépendance, il consentait à abandonner tout ce qui ne relevait pas des principes fondamentaux de l'Eglise et des longues traditions qui fixaient le prestige du trône pontifical. Mais au moment où les négociations se terminaient, les regrets lui montaient au cœur, avec la crainte d'avoir été trop faible et d'avoir peut-être trop concédé. Il ne peut se contenir, et se répand en plaintes qui attestent un mécontentement de lui-même et des autres, et surtout de Napoléon qui, poussant la contrainte à l'extrême, lui arrachait ce qu'il aurait voulu retenir, et qui, pour l'entraîner où il lui répugnait d'aller, avait choisi le seul homme qu'il pouvait écouter et à qui il ne pouvait refuser d'entrer en composition et en sincère arrangement.

L'Empereur avait, bien prévu que le Saint-Père serait profondément ému « en voyant paraître au milieu de sa prison un ami dévoué, prêt, s'il le fallait, à la partager avec lui, et pénétré de vénération pour sa personne sacrée », et que dans son émotion il se relâcherait de sa sévérité, sortirait de son silence, et mettrait à découvert le fond de son âme. Mais il avait trop compté sur un entraînement qui, quelque vif qu'il fût, devait être contenu par un sentiment de respect de soi-même et de dignité. A Savone, le Souverain-Pontife se souvenait du Vatican ; son corps était prisonnier, mais sa pensé était libre, et du balcon d'un simple évêché, elle dominait le monde comme du haut de la chaire de Saint-Pierre. Même au dernier moment, dans l'attendrissement inévitable qu'il éprouvait en perdant le témoin de ses souffrances, l'ami qui au moins pendant quelques jours en avait tempéré les rigueurs, qui l'avait mis par instants en communication avec le siècle, alors qu'il s'effrayait de la solitude dans laquelle il allait retomber, il resta grand et digne, et surmonta tout sentiment de faiblesse humaine. On le retrouve, pour ainsi dire, face à face avec l'Empereur, lui tenant tête, lui reprochant son caractère violent, ses exigences, et prévoyant la vanité de tout ce qui lui a été demandé, de tout ce qu'il a accordé.

Que fera, en effet, l'Empereur? Acceptera-t-il lui-même les conditions qu'accepte avec répugnance, mais sincèrement le Souverain-Pontife? Le replacera-t-il à Rome d'où il eût été prudent de ne pas le faire sortir, comme il le reconnaît tacitement? Sans lui rendre le pouvoir temporel, le laissera-t-il exercer au Vatican le pouvoir spirituel? Non, il différera de répondre, il différera d'agir; comme le pape l'a prévu, il s'échappera par des faux-fuyants, et remettant de mois en mois sa décision, il parlera tantôt de Paris encore, tantôt d'Avignon. Il restera sourd aux instances de l'Autriche. Le pape a fait des concessions qui lui ont coûté, et l'Empereur a le tort de n'en pas tenir compte. C'est qu'au fond ces concessions ne lui suffisent pas. Que veut-il donc? Il veut que le pape se mette entièrement à sa discrétion; et comme il ne s'y met pas, Savone reste fermé.

Savone s'ouvrit plus tard, en 1811; le pape l'échangea pour Fontainebleau, où il ne fut pas plus libre, mais où il fut aussi résolu et aussi tenace, du moins pendant deux ans. Il céda toutefois en 1813 et renonça ouvertement à la puissance temporelle. On sait la suite; l'Empereur ne le rendit pas à Rome. Aussi le Souverain-Pontife se rétracta-t-il, et, outré de tant de tergiversations, il annonça qu'il reprenait virtuellement le pouvoir temporel qu'il avait abandonné. 1814 le fit libre, et il revint à Rome dans toute la plénitude de son autorité.

Pendant les Cent-Jours, Murat, le roi de Naples, envahit les Etats de l'Église, mais il n'eut pas le temps de s'y établir. Le traité de Vienne rendit à la chaire de Saint-Pierre son ancien territoire et son ancien prestige.

Pie VII régna paisible et vénéré jusqu'en 1823. Il survécut donc au puissant mortel qui l'avait tant opprimé. Napoléon avait été à son tour captif, et captif pendant six ans sur ce triste rocher de Sainte-Hélène, où il mourut le 5 mai 1821. Pie VII n'eut pour lui que des sentiments de miséricorde, et sans se plaindre comme sans s'enorgueillir de ce qu'il avait souffert, il retrouva au fond de son cœur pour l'Empereur qui n'était plus, tous les sentiments qu'il avait voués au général qui avait tiré l'Italie des mains de l'Autriche. Mais, plus heureux que lui, il mourut plein de jours et de gloire, au milieu des splendeurs de sa cour, entouré du respect et de l'admiration des Romains.

Clermont-Ferrand. — Typographie Mont-Louis, rue Barbançon, 2.

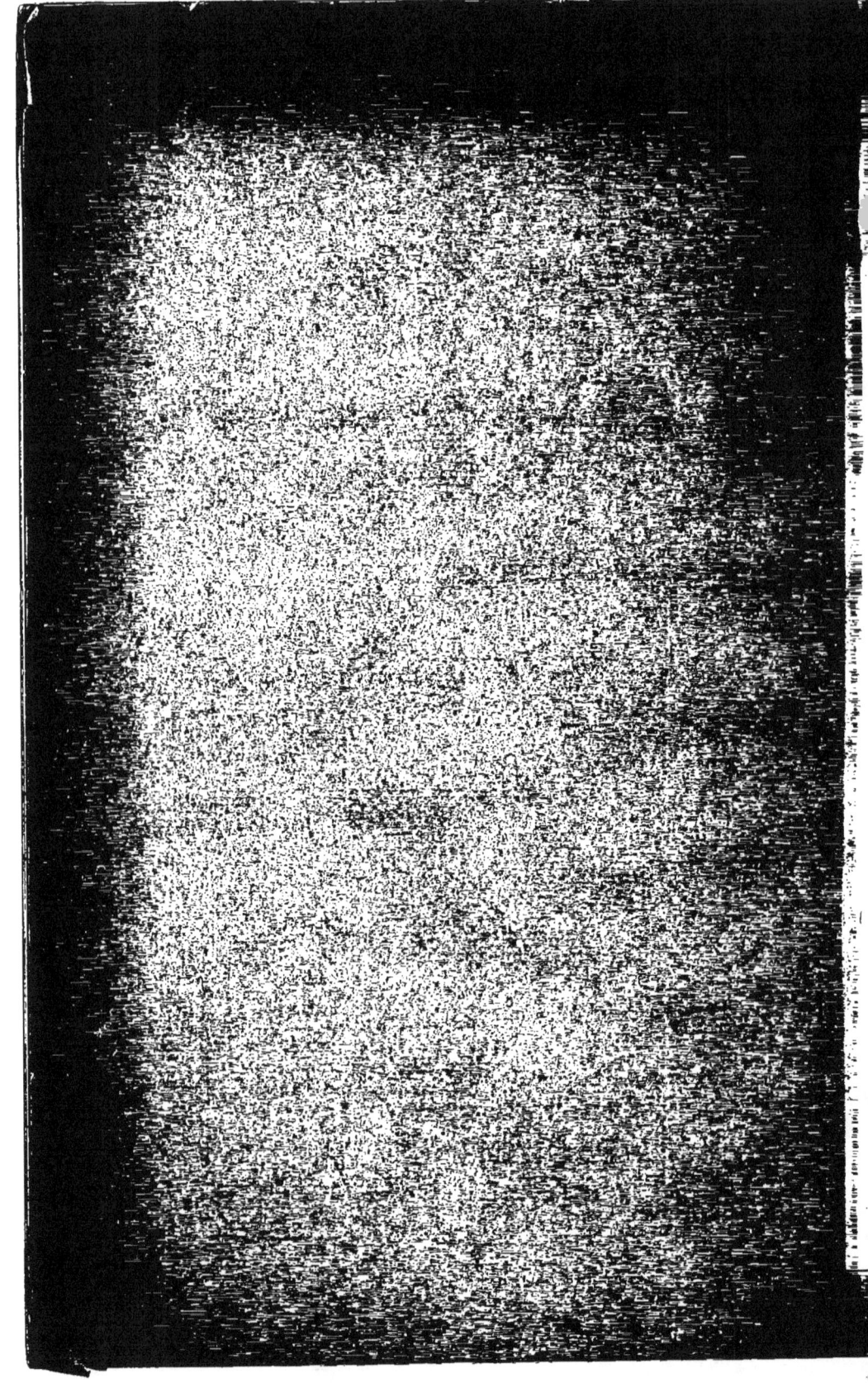

www.ingramcontent.com/pod-product-compliance
Lightning Source LLC
Chambersburg PA
CBHW060505050426
42451CB00009B/828